El Antiguo Japón

Una Fascinante Guía de la Historia, la Cultura y la Civilización Japonesa, Incluyendo Historias de los Samurái, los Shogunes y los Maestros Zen

© Copyright 2020

Todos Los Derechos Reservados. Ninguna parte de este libro podrá reproducirse de forma alguna sin que el autor haya dado permiso por escrito. Se podrán citar pasajes breves en reseñas.

Aviso Legal: Ninguna parte de esta publicación podrá ser reproducida, almacenada en un sistema de recuperación, transmitida bajo ninguna forma por ningún medio, ya sea electrónico, mecánico, de fotocopiado, grabación, transmisión por correo electrónico o cualquier otro, sin el previo consentimiento por escrito de la editorial.

Si bien se han hecho todos los intentos posibles para verificar la información proporcionada por esta publicación, ni el autor ni la editorial asumen ninguna responsabilidad por errores, omisiones o interpretaciones contrarias de la materia en cuestión.

Este libro solo cumple propósitos de entretenimiento. Las opiniones expresadas corresponden únicamente al autor, y no deberían tomarse como instrucciones u órdenes de expertos. El lector es responsable de sus propios actos.

La adhesión a todas las leyes y regulaciones aplicables, incluidas las internacionales, federales, estatales y locales que gobiernan las licencias profesionales, prácticas comerciales, publicidad y cualquier otro aspecto comercial en Estados Unidos, Canadá, el Reino Unido y cualquier otra jurisdicción queda únicamente bajo responsabilidad del comprador o lector.

Ni el autor ni la editorial asumen ninguna responsabilidad u obligación alguna en nombre del comprador o lector de este material. Cualquier agresión que se perciba respecto a cualquier individuo u organización es totalmente involuntaria.

Índice

INTRODUCCIÓN 1
CAPÍTULO 1 - LOS ORÍGENES DEL JAPÓN IMPERIAL Y SU GENTE 3
CAPÍTULO 2 - EL NACIMIENTO DEL IMPERIO DE JAPÓN Y SU CULTURA 20
CAPÍTULO 3 - HISTORIA DEL JAPÓN CLÁSICO 35
CAPÍTULO 4 - JAPÓN EN LA BAJA EDAD MEDIA......................................56
CAPÍTULO 5 - JAPÓN EN LA ALTA EDAD MEDIA 75
CAPÍTULO 6 - LA SOCIEDAD JAPONESA 87
CAPÍTULO 7 - GUERREROS DEL ANTIGUO JAPÓN 97
CAPÍTULO 8 - LA VIDA RELIGIOSA..106
CAPÍTULO 9 - LA CULTURA JAPONESA..114
CONCLUSIÓN 127
BIBLIOGRAFÍA...130

Introducción

Japón, el país del sol naciente, es hoy una de las naciones más prósperas y tecnológicamente avanzadas pese a no contar con muchos recursos naturales. Sus numerosos habitantes son conocidos por su ética y su dedicación, además de la forma en que combinan tradiciones antiguas con estilos de vida progresivos y modernos. Es la tierra de los famosos samurái, virtuosos guerreros para quienes la lealtad es todo, y de legendarios y hábiles asesinos ninjas capaces de superar cualquier obstáculo. No menos conocido es el arte japonés, único en su estilo y forma; tanto las breves canciones haiku como las espectaculares acuarelas son increíblemente vívidas a la vez que sencillas en su forma. Es el país de los maestros budistas Zen, sabios y espiritualistas además de ser símbolos de la moderación y la moralidad. También es la cultura de las geishas, que representan la indulgencia, el entretenimiento y los deseos corporales. Hoy, Japón es uno de los países más liberales y democráticos, aunque sigue teniendo un emperador y mantiene una larga tradición de shogunes, figuras parecidas a los dictadores militares. Con todo, Japón parece un país de paradojas y contradicciones; de ying y yang.

Y, sin embargo, no parece verse afectado por ello. Desde hace ya mucho tiempo, Japón crece, prospera y se desarrolla. Las contradicciones de Japón han despertado un sentido de orgullo y unidad que ha guiado su historia y su desarrollo cultural a través de los siglos, dejando una marca incuestionable en el patrimonio universal y en la humanidad. Pero esto es tan solo la superficie de una cultura asombrosa que merece examinarse más de cerca. Esta guía le llevará de la mano a través de la civilización japonesa, mostrando las principales características que han aparecido y se han transformado con el tiempo. Aprender sobre la historia de Japón, sus antiguos éxitos y errores y la forma en que la nación cobró forma también ayudará a entender cómo se desarrolló esta civilización, al tiempo que se presenta una amplia compilación de historias, personas y eventos interesantes. Con suerte, esta guía hará que desee usted aprender más sobre Japón y entender mejor a su gente y su cultura, ya que es tan solo el primer paso en el extenso viaje que conforma la historia japonesa.

Capítulo 1 – Los Orígenes del Japón Imperial y su Gente

Al principio solo había caos. La mitología japonesa, al igual que tantas otras a lo largo de la historia humana, empieza con esta frase. Con el tiempo, ese caos se dividió en el cielo puro y la tierra insalubre, o más bien en el océano interminable. Mientras las dos partes se distanciaban, siete pares de dioses y diosas emergieron de los juncos que empezaron a crecer en la superficie del agua bajo el cielo. Dos de las divinidades más importantes eran Izanagi e Izanami, el dios y la diosa la creación. Desde el puente flotante del cielo, apuñalaron el océano interminable con una lanza decorada con joyas. Una gota de agua cayó de la punta de la lanza y se coaguló hasta formar la primera isla; la primera superficie sólida de la tierra. Los dos dioses se mudaron a esa tierra recién creada y decidieron casarse. A partir de esa unión, Izanami dio a luz otras islas, mares, ríos, plantas y árboles. Durante esa época también se crearon otros dioses. La propia Izanagi dio vida a Amatserasu, la diosa del sol, y Tsukuyomi, el dios de la luna. El día y la noche se crearon a partir de ambos. Así es como los antiguos japoneses imaginaron la creación del archipiélago japonés, un conjunto de siete mil islas que se extienden desde noreste del mar de Okhost hasta el mar de Filipinas, a lo largo de la costa noreste del continente asiático.

Pintura de Izanami (izquierda) e Izanagi (derecha). Fuente: https://commons.wikimedia.org

Por supuesto, la mayoría de estas islas son pequeñas y casi insignificantes, pero cuatro de ellas destacan como las grandes islas japonesas. De norte a sur, estas islas son Hokkaido, Honshu, Shikoku, and Kyushu. Aunque parece pequeño en los mapamundis, Japón cubre una superficie de unos 378.000 km². Para ponerlo en perspectiva, el país tiene aproximadamente el tamaño de Alemania o del estado norteamericano de Montana. Es una masa terrestre de tamaño considerable, separada de Corea y del resto de Asia por el estrecho de Tsushima, que en su parte más estrecha tiene al menos

65 kilómetros de anchura. Esto significa que la influencia que Japón ejerció en el continente asiático fue limitada, pero no inexistente como antes se creía. El hecho de que la mitad del territorio japonés sea montañoso lo hace aún más inaccesible, pero también refleja los orígenes volcánicos del archipiélago. Incluso el lugar más emblemático de Japón, el monte Fuji, es un volcán dormido. El archipiélago japonés se encuentra en el borde del anillo volcánico del Pacífico, donde colisionan las placas tectónicas de la tierra. En la actualidad alberga más de cien volcanes activos y suele sufrir desastres naturales de terrible magnitud, como terremotos, tsunamis, y por supuesto, erupciones volcánicas.

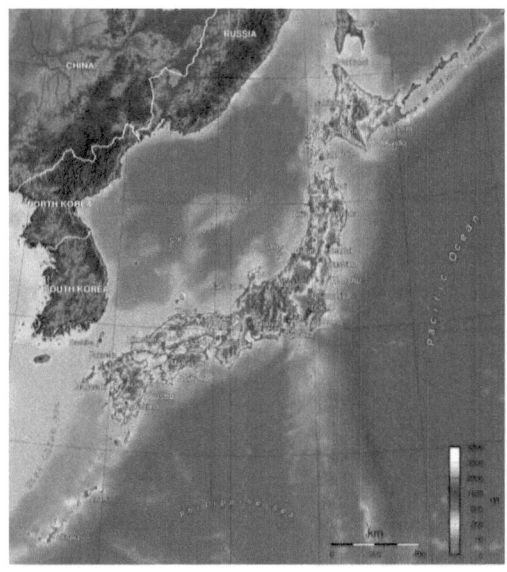

Mapa topográfico de Japón. Fuente: https://commons.wikimedia.org

En un principio podría pensarse que, debido a esto, son islas inhóspitas. Pero la ceniza volcánica creó una tierra cultivable que cubre aproximadamente el 11.5% del área total de Japón, con lo que el territorio es bastante fértil y puede albergar una gran población. El resto del terreno está cubierto por bosques, ciudades, carreteras, montañas y lagos. Por supuesto, en el pasado se cultivó un porcentaje mucho más reducido de la tierra, pero creció a medida que aumentaba la población, que a día de hoy alcanza los 126 millones. Debido al entorno geográfico, dicha población cubre tan solo el 5% del territorio, lo que explica por qué a mucha gente le resulta un país pequeño. Otra importante característica del archipiélago japonés es su clima diverso. En Hokkaido, en el norte, los inviernos son fríos y los veranos relativamente suaves. Honshu tiene un clima ligeramente más cálido que varía mucho su temperatura entre verano e invierno. La cosa de Honshu que da al Pacífico también es un tanto más cálida y húmeda que la que encara al continente asiático. En Kyushu, más al sur, el clima es marcadamente subtropical: bastante cálido y húmedo con fuertes precipitaciones.

Dado que el clima, las zonas aisladas y seguras y las tierras fértiles podrían resultar muy atractivas para los primeros colonos, es fácil suponer que las primeras migraciones de Asia a las islas japonesas se produjeron por esa razón. Sin embargo, la razón no fue esa. Los humanos se asentaron allí por primera vez entre 500.000 y 30.000 años atrás, aunque el consenso científico sitúa a los primeros colonos en japón unos 200.000 años antes de nuestros días. Por aquel entonces, los humanos eran aún cazadores-recolectores, así que lo más probable es que se trasladaran del continente de Asia al archipiélago japonés en busca de grandes presas como ciervos y bisontes. Pudieron trasladarse gracias a los enlaces terrestres que se formaron durante la última glaciación y que, con unos niveles marítimos más bajos que los de hoy, conectaron a Japón con Asia por el norte (lo que hoy es el este de Rusia) y por el sur (China en la actualidad). Esto permitió que pequeños grupos de humanos primitivos se mudaran a estas tierras, si bien se estima que la población nunca superó los 20.000 habitantes en ese período. Pero hace unos 15.000 años el hielo comenzó a derretirse. La era glacial llegaba a su fin y los enlaces terrestres se perdieron, lo que dejó más o menos aislada a la población de las islas.

Paralelamente, el clima se volvió más cálido y la tierra más fértil. Grupos de cazadores-recolectores, que muy probablemente no superaban las 150 personas, adquirieron un estilo de vida más sedentario y crearon asentamientos más especializados para permitir el comercio primitivo. Los arqueólogos han descubierto pruebas de que la obsidiana, un vidrio volcánico empleado en la confección de herramientas, se comerciaba en un área que cubría más de 150 kilómetros. La zona comercial de este material también acabó por cruzar el mar, lo que indica que se empezaron a usar embarcaciones en una época muy temprana. Los primeros indicios de alfarería en Japón se remontan al año 13.000 a. C., lo que supone que dichos indicios son quizá los más antiguos de cuantos se han hallado en el mundo. En la historia de Japón, este hito marca la transición del paleolítico al neolítico y señala el principio del período Jōmon. El período debe su nombre a un modelo de cuerda llamado jōmon con el que se decoraba la mayor parte de los objetos cerámicos de la época. Las primeras señales de sedentarismo que se han hallado corresponden a esta era, especialmente indicios de agricultura en torno al año 4.000 a. C., restos de aldeas tribales que alcanzaban los 500 habitantes y la propia alfarería. Pero la mayoría de los grupos continuaron dedicándose a la caza y la recolección, con asentamientos semipermanentes similares a campamentos.

La mayoría de estos grupos se centraban en la caza y, quizá de forma aún más prominente, en la pesca, ya que parece que la mayoría de los asentamientos Jōmon se han hallado en la costa. Las distintas sociedades lograron avances importantes. Por ejemplo, en cuanto a progresos tecnológicos, desarrollaron las primeras telas de cáñamo alrededor del año 5.000 a. C. y los primeros objetos lacados en el 4.000 a. C. En el campo social, hay señales de desarrollo espiritual en forma de chamanismo a juzgar por las estatuillas rituales, los lugares de enterramiento y algunos enigmáticos círculos de piedra que se han encontrado. Los chamanes, como miembros de especialización singular en la comunidad, empezaron a formar lentamente una clase de élite junto con los jefes tribales y, quizá, los cazadores y granjeros más competentes. No obstante, los estudiosos siguen debatiendo si la sociedad Jōmon era de naturaleza igualitaria u oligárquica. En cualquier caso, no se trataba de una sociedad totalmente aislada ni homogeneizada. Existían varias subculturas locales y características regionales, mientras que el arroz y el mijo llegaron desde Asia, muy probablemente desde China, en torno al 1.000 a. C., lo que demuestra claramente que existió una cierta influencia del extranjero. Antes de eso, ya se cultivaba la albahaca japonesa y el arrocillo. La llegada del arroz también marca el fin del período Jōmon según algunos historiadores.

Ya que el arroz llegó desde fuera, la expansión de la domesticación animal se considera una prueba de la primera ola de invasión extranjera, que culminó alrededor del año 400 a. C. La mayoría de los académicos sitúan el fin definitivo de la era y la cultura Jōmon en este período. Los forasteros, conocidos como Yayoi, expulsaron a los Jōmon hasta el norte. Los Yayoi tenían rostros más espigados y también eran ligeramente más altos en comparación con los Jōmon, cuya estatura media era de 1,57 m. en varones y 1,48 m. en hembras, y también eran de constitución fornida con rostros anchos y cuadrados. Los Yayoi también eran más avanzados tecnológicamente, ya que poseían conocimientos de metalurgia y se centraban más en la agricultura. Durante mucho tiempo se creyó que los Jōmon perecieron debido a la presión de sus conquistadores, pero los recientes estudios de los antropólogos físicos confirman que la minoría Ainu, que hoy vive en Hokkaido, es su descendencia directa. Durante siglos, el pueblo Ainu sufrió una fuerte opresión y marginalización por parte de los japoneses, quienes guardan un mayor parecido con los invasores Yayoi. Los Ainu reciben hoy un trato algo mejor, ya que en el año 2008 el gobierno japonés los reconoció oficialmente como la población indígena de Japón. Sin embargo, los orígenes de los Yayoi, así como sus motivaciones y el verdadero alcance de sus migraciones o invasiones, siguen siendo objeto de debate entre los historiadores modernos.

Lo que es seguro es que el período Yayoi empezó aproximadamente en el año 400 a. C. El período debe su nombre a un distrito de Tokio donde, a finales del siglo XIX, se encontró un nuevo tipo de cerámica rojiza que establece una separación respecto a las tradiciones Jōmon. Y esta separación fue importante, ya que los recién llegados llevaban una vida totalmente sedentaria y agrícola basada en el cultivo de arroz. También desarrollaron los primeros arrozales, lo que se tradujo en un cultivo mucho más eficiente. Debido a esto, el arroz se convirtió en el principal alimento de los japoneses y prácticamente en una base cultural del país, como sigue siéndolo en la actualidad. Y con el desarrollo agrícola, llegó la explosión de la población. De unos 100.000 habitantes en el ocaso del período Jōmon, Japón pasó a albergar a entre millón y medio y dos millones de personas hacia el final del período Yayoi, en el siglo III d. C. A esto siguieron asentamientos de mayor tamaño, el mayor de los cuales cubría un área de unas 80 hectáreas, al menos tres veces más grande que cualquier asentamiento de la época anterior. Al mismo tiempo, el desarrollo agrícola llevó a ampliar la cantidad de recursos disponibles para la comunidad, y las familias que controlaban la producción de arroz formaron las primeras clases verdaderamente privilegiadas.

Una jarra del período Yayoi. Fuente: https://commons.wikimedia.org

La formación de las primeras élites se vio impulsada por el comercio entre tribus. Algunas se establecieron en regiones en las que había minerales metalíferos, bastante escasos en Japón, mientras que otras tenían excedentes agrarios o producían seda (también importada desde China), cerámica, vidrio u objetos metálicos. Pero fueron los más ricos quienes mantuvieron el control del comercio, distanciándose aún más de la clase baja y transformando la sociedad. Las tribus se convirtieron en cacicazgos más territoriales y cada vez estallaron más guerras por controlar territorios clave. La guerra fue el elemento que terminó por consolidar la posición de las élites, ya que solo estas podían empuñar armas de metal y reunir fuerzas de gran número. Al mismo tiempo, los prisioneros se convirtieron poco a poco en esclavos y formaron la clase social más baja, aunque la influencia de estos esclavos nunca fue tan fuerte como en las antiguas Grecia y Roma. Esta estratificación social fue un cambio importante que puso fin a la comunidad más igualitaria de antaño. Y conforme las guerras continuaban, unos caciques empezaron a aliarse con otros, creciendo a través de la conquista y formando un gran número de comunidades políticas más bien pequeñas a las que hoy denominamos reinos. Su poder también creció, como demuestra el hecho de que a finales del siglo I d. C. fueran capaces de enviar emisarios al imperio chino, con la intención de que una de las mayores potencias de la época se convirtiera en su aliada.

Estas conexiones con la civilización china, que ya estaba desarrollada por completo, nos obsequian con algunos detalles importantes de la historia japonesa, pues los historiadores chinos de por entonces también escribieron sobre Japón. Al principio la llamaron Tierra de Wa, que significa tierra de enanos, ya que observaron que consistía en tan solo 100 reinos pequeños. Hacia la mitad del siglo III, los escritores chinos empezaron a describir detalladamente a Yamatai (Hsieh-ma-t'ai en chino) como el más poderoso de los reinos japoneses. Según sus escritos, este reino estaba gobernado por la reina Himiko, chamana y figura de importancia a la que los chinos reconocieron como la gobernante de todo Japón, aunque no está claro si su influencia fue realmente tan fuerte. Supuestamente vivió recluida en una fortaleza que contaba con mil mujeres y un hombre como sirvientes, así como con cien guardias, y a la que solo podía acceder su hermano, quien se ocupaba de las cuestiones cotidianas del estado. Los informes chinos nos cuentan que Himiko se involucró en magia y hechicería y que nunca se casó. Subió al trono tras un largo período de guerras en Japón alrededor del año 180 d. C., y gobernó hasta su muerte en el 248 d. C., tras lo cual Yamatai volvió a caer en el caos. Presuntamente se eligió a un rey, pero como nadie quiso obedecerlo, escogieron como nueva reina a Iyo, una pariente de Himiko que tenía 13 años.

Estos detalles, así como la localización exacta de Yamatai (algunos académicos la sitúan en el norte de Kyushu o bien en el centro de Honshu) están marcados por la incertidumbre, pues no se han encontrado más pruebas de ello. No se ha desenterrado ningún lugar arqueológico ni existe ninguna fuente japonesa de aquella época. Las historias posteriores omiten a Himiko, bien por falta de conocimiento o porque las gobernantes femeninas no encajaban en la narrativa imperial. Sin embargo, aún más importantes son los detalles de las representaciones que los chinos hicieron de la vida y las costumbres de Japón, generalmente aceptadas como verídicas por los historiadores de hoy. Observaron que a los japoneses les gustaba comer y beber con las manos, lo que queda corroborado por la ausencia de utensilios para comer en las tumbas del período Yayoi que se han encontrado. La jerarquía también era importante: las personas de clase baja se apartaban de los caminos y se inclinaban para mostrar su respeto a los de clases más altas. A los nobles se les permitía tener varias esposas y habitualmente contaban con sirvientes o esclavos. Practicaban la adivinación mediante la quema de huesos, algo que también corroboran los descubrimientos arqueológicos, y enterraban a sus muertos en un único ataúd. Los Yayoi japoneses hacían sus ropas con seda, lino, algodón y cáñamo. Utilizaban bronce para elaborar objetos religiosos, como espejos o campanas, y también armas en algunas ocasiones. Dado que era más duradero, el hierro solía reservarse para las armas y a veces también para herramientas de cultivo.

Ilustración moderna de la Reina Himiko. Fuente: https://commons.wikimedia.org

Todos esos objetos se usaron para el comercio, además de la comida (principalmente arroz). Algunas fuentes chinas sostienen que los intercambios se hacían en mercados centrales que podían encontrarse en cada distrito. Y aunque los historiadores modernos no están seguros de cómo funcionaban exactamente aquellos reinos primerizos, los historiadores chinos indicaron que sus gobiernos recaudaban impuestos o tributos de la población. Esto significa que, hacia el final del período Yayoi, aquellos primeros estados japoneses se estaban convirtiendo en monarquías chamánicas con su propia estratificación social. Los gobernantes Yayoi aumentaban su poder, y sus estados adquirían cada vez un carácter más centralizado y territorial. Estos cambios políticos, económicos, sociales y tecnológicos supusieron un primer paso hacia la unificación de un único estado japonés. También facilitaron la creación de una civilización japonesa fusionada, puesto que en esta época también había muchas variaciones culturales en cada región. Cuando estas transformaciones llegaban a su cénit, en torno al momento en que murió Himiko, el período Yayoi se acercaba a su fin. El poder estatal de la época también queda patente en las costumbres funerarias. Las tradiciones cuentan que la tumba de Himiko era un gran túmulo de cien metros de diámetro, donde también se enterraron sus sirvientes inmolados, tanto hombres como mujeres. Ciertamente, a finales del siglo III d. C., los túmulos funerarios se convirtieron en costumbre entre gobernantes y miembros de la élite, lo que marca el principio de un nuevo período de la historia japonesa.

Estos túmulos funerarios, llamados kofun en japonés, dieron nombre a la siguiente época. Fue una era en la que el poder de los gobernantes creció rápidamente, como se aprecia en su habilidad para crear grandes tumbas llenas de artículos para la vida después de la muerte, así como numerosas armas. Además de demostrar la riqueza de los difuntos, esas armas también ilustraban la fuerza que las élites podían congregar para defender sus posiciones de poder. Más tarde, los reinos o cacicazgos más pequeños fueron absorbidos por otros más grandes y poderosos, y en lugar de cien estados pequeños, quedaron varios reinos de gran tamaño. El más importante fue el reino de Yamato, situado en la cuenca del río Nara, en la parte suroeste de Honshu y entre las ciudades contemporáneas de Osaka y Kyoto. Debido a la similitud de su nombre, algunos historiadores lo vinculan al Yamatai de la reina Himiko, pero hasta ahora no se ha podido confirmar esta teoría. Sí es cierto que el reino de Yamato empezó a proliferar a finales del siglo III d. C. Fue un proceso lento y gradual, conforme los reyes de Yamato expandían su poder y su autoridad principalmente a través de la negociación, la persuasión y la coacción, y en menor medida mediante la conquista militar.

Un kofun del período tardío (imagen superior) y joyas de cobre halladas en otro kofun (imagen inferior). Fuente: htttps://commons.wikimedia.org

Esto queda evidenciado por el método que más usaron los reyes de Yamato para expandirse: incorporaron a su reino los estados y cacicazgos que ya existían, concediendo títulos y rangos a los gobernantes subyugados para integrarlos en la jerarquía Yamato. De este modo pasarían a formar parte de la estructura de gobierno y serían menos propensos a rebelarse, ya que tendrían conexiones e intereses personales con el sistema imperial que se desarrollaba. Otro beneficio de esta estrategia era que el reino de Yamato no se enfrentaría a posibles amenazas colindantes. Al asimilar a sus enemigos más poderosos en lugar de destruirlos, se podría aprovechar su potencial para expandirse. De esta forma de pensar y organizarse derivó un sistema social y estatal altamente jerárquico, en el que el rango era la medida definitiva del valor individual. Ese sistema se convirtió en la base de la sociedad japonesa, hasta el punto de que, en cierto modo, aún perdura en nuestros tiempos. Un aspecto negativo de este método de expansión fue su lentitud y meticulosidad. Durante los siglos IV y V d. C., Yamato no alcanzó una absoluta supremacía sobre los reinos contiguos. Al principio fue tan solo el primero entre iguales. Pero como no existen registros escritos de aquella época, no tenemos detalles de cómo se desarrolló esta expansión, ni de cómo creció el poder de Yamato.

Lo que parece claro es que, tras absorber a los estados contiguos, al estado de Yamato le faltaba una verdadera unidad. Todo hombre debía su lealtad principalmente a su clan o su familia, llamada uji en japonés. La fidelidad al rey de Yamato dependía exclusivamente de cuan leal fuera el jefe del clan. En líneas generales, así funcionaban los también los primeros estados japoneses de los que los chinos escribieron en los siglos I y II. Los miembros del clan se convirtieron en la clase noble militar, creando la base para una élite japonesa que perduró hasta finales del siglo XIX. Esa jerarquía también se basaba en una fuerte organización familiar, ya que todos los miembros tenían que obedecer las órdenes del jefe del clan. Además de decidir la fe religiosa de la familia, los miembros superiores del clan tenían la tarea de satisfacer a los dioses en nombre de su estirpe. Por debajo de ellos se encontraban los grupos ocupacionales llamados be; colectivos de personas relacionadas con la profesión a la que se dedicaban. Por esa razón, el término be a veces se traduce como "gremio" en nuestro idioma, aunque es incorrecto. Existe una cierta similitud con el concepto de gremio en cuanto a que proporcionaban funciones especializadas a la sociedad, y había orfebres, tejedores, sacerdotes, guardias de palacio o incluso sirvientes domésticos en las cortes de la élite. Pero esos grupos eran una minoría: la mayoría eran granjeros, y al contrario que los gremios, su estructura jerárquica era parecida a las de los clanes, con una única cabeza familiar al mando. Además, la afiliación de todo individuo a un be determinado era hereditaria. También había una conexión ficticia entre ujis y bes, dado que los segundos estaban organizados para servir y asistir a los uji. Todos estos aspectos diferencian a los grupos be de los gremios europeos.

La expansión de Yamato en este período no está relacionada únicamente con el poder interno y la ascensión del clan gobernante. A partir del siglo IV, formaron fuertes lazos con uno de los reinos coreanos, Baekje (Paekche en transcripciones antiguas), situado en la punta sur de la península de Corea. Baejke se encontraba amenazada por los otros dos reinos coreanos de la época, así que empezó a depender de la ayuda militar de Yamato para conservar su independencia. La situación agravó en la primera mitad del siglo V d. C. cuando Yamato invadió a Silla, uno de los otros dos reinos coreanos, y durante un breve período de tiempo, Baekje dependió totalmente de Yamato. Para asegurar esta relación se llegó a enviar al príncipe de la corona de Baekje a Yamato como rehén. Fue durante este período cuando Yamato reabrió las relaciones con China. A finales del siglo V enviaron diez emisarios diplomáticos a la corte de la dinastía Liu Song. Es muy probable que los reyes de Yamato hicieran esto aconsejados por su aliado coreano, ya que la relación de los reinos coreanos con China era mucho más estrecha de la que tenía Japón. Estos lazos, especialmente la forma en que las fuerzas de Yamato se implicaron en contiendas entre reinos coreanos, demuestran lo poderoso que se había vuelto este reino japonés, convirtiéndose al menos en una pequeña potencia regional.

El comercio, sobre todo con Baekje, fue una de las razones de su aumento de poder. También se crearon lazos culturales que permitieron que la influencia china y coreana en Yamato creciera, lo que trajo nuevo conocimiento y tecnologías. El avance más destacado e importante fue la escritura, ya que durante este período los japoneses empezaron a adoptar los caracteres chinos, que pasaron a ser el primer método de escritura que utilizaron. Al principio solo se usaron para cincelar símbolos en espadas, de tal modo que las élites pudieran demostrar su supremacía. Pero los nobles empezaron a ver el valor de la palabra escrita y apreciaron cada vez más a los inmigrantes alfabetizados, aprendiendo poco a poco a usar esa importante habilidad. Estos contactos también refinaron el cultivo de arroz y la forja del metal, además de introducir los caballos en Japón. Debido a esto último, algunas teorías afirman que Yamato fue conquistada y gobernada por uno de los pueblos asiáticos versados en equitación, lo que explicaría el crecimiento de su poder. No obstante, no se han encontrado verdaderas pruebas de ello. Aparte de las tecnologías, el reino de Yamato también empezó a aceptar a lo largo del siglo V dos ideologías importantes del reino asiático. La primera era la idea de un gobierno imperial centralizado según el modelo chino, lo que incrementó la eficiencia y el poder del estado. La otra fue el budismo, que se expandió en el este de Asia desde India. Ambas demostraron ser cruciales para el futuro desarrollo de la civilización japonesa.

Pero a finales del siglo V, empezó a desatarse el caos entre los territorios de Yamato y el poder del reino empezó a menguar. Es posible que las costosas expediciones en Corea, aunque resultaran en ciertas ganancias proto-coloniales, terminaran por debilitar la corte central, ya que otros clanes desafiaron la autoridad de los reyes de Yamato. Tras varias derrotas en Corea, además de una fallida rebelión en Kyushu en la década de 530, Yamato perdió toda su influencia en el territorio en torno al año 540 d. C. y quedó claro que el reino había perdido su antiguo poder. Fue por esa época cuando los reyes y la corte decidieron que era momento de aprender de los extranjeros y adaptarse a su conocimiento y sus ideas para reforzar su posición. Así, el período Kofun llegó a su fin, pero la base del Japón imperial se había establecido y estaba lista para florecer en siglos venideros.

Capítulo 2 – El Nacimiento del Imperio de Japón y su Cultura

A medida que el antiguo sistema estatal revelaba sus debilidades, los reyes de Yamato se dieron cuenta de que había llegado el momento de cambiar. Se fijaron en cómo los chinos y los coreanos organizaban y dirigían sus gobiernos, y empezaron a implementar una serie de reformas que convertirían a Yamato en un estado imperial, dirigido por un emperador en su trono. Esta centralización cultural y estatal también se evidencia en el nombre de este período, al que hoy llamamos Asuka. Se bautizó así a partir del siglo XIX debido a la nueva región central de la corte de Yamato, que seguía en la prefectura del Nara, pero varias millas al sur del antiguo centro de la corte. Es una clara señal de que el estado de Yamato se estaba centralizando cada vez más, y el primer paso hacia dicha centralización fue el dominio real que empezó en la década de 530 d. C.

Claramente, este cambio se vio influenciado por la fallida rebelión en Kyushu, ya que los reyes de Yamato se dieron cuenta de que el poder que habían acumulado en las tierras colindantes a la corte, controladas y poseídas por la familia real, ya no era suficiente. Para expandir su fuerza e influencia y retomar su autoridad sobre las tierras que dependían de ellos, se vieron obligados a expandir sus tierras. Así pues, los dirigentes de Yamato empezaron a crear nuevos estados, esta vez muy lejos de su corte, en tierras remotas que contaban con posiciones estratégicas y una cierta importancia económica. Dichas tierras estaban dirigidas por gobernantes que respondían directamente al rey y cuyas posiciones no eran hereditarias. Fue un movimiento importante, ya que reafirmó el reinado de los gobernantes de Yamato en tierras alejadas de su región central, al tiempo que creaba nuevas fuentes de ingresos y acumulaba la fuerza militar que necesitaban para recuperarse tras las pérdidas sufridas en Corea y en la rebelión de Kyushu. También se tomaron medidas para incrementar el poder del clan real. A mediados del siglo VI, alrededor del año 560, los dirigentes de Yamato empezaron a conservar registros de todos los domicilios de sus estados. Esta práctica facilitó la recaudación de impuestos y la convocatoria militar cuando fuera necesaria, lo que impulsó el control de los reyes de Yamato. Más tarde, estas normas se establecieron en todo el territorio japonés.

Los gobernantes de Yamato no se limitaron a incrementar el nivel de su control sobre sus dominios. También crearon distritos, dirigidos por supervisores que respondían directamente a la corte. Los distritos se establecieron en tierras que no pertenecían a la familia real, sino a alguno de sus clanes súbditos, en un intento por crear gobiernos locales que reforzaran el control que la corte de Yamato ejercía sobre tierras que nominalmente no eran suyas. A veces, estos supervisores eran miembros o incluso jefes de los clanes locales, pero actuaban de acuerdo con las órdenes del gobierno central. Esta fue la base del régimen burocrático que se creó en el siglo siguiente, el cual aumentó la necesidad y la importancia de los escribas. Estos cambios en el sistema administrativo se vieron agilizados por la llegada de nuevas olas de inmigración desde Corea, las cuales proporcionaron el personal instruido que necesitaba el gobierno central. Fue una especie de intercambio, ya que Baekje necesitaba un mayor apoyo militar, pero Yamato se mostraba reacio a ayudar debido a lo costoso que había resultado en el pasado. Para aplacar los ánimos de los reyes japoneses, los coreanos enviaron a sus académicos y escribas a la corte de Yamato. A cambio, los reyes de Yamato les procuraron suministros militares y, en algunos casos, fuerzas armadas, pero solo si las circunstancias eran oportunas.

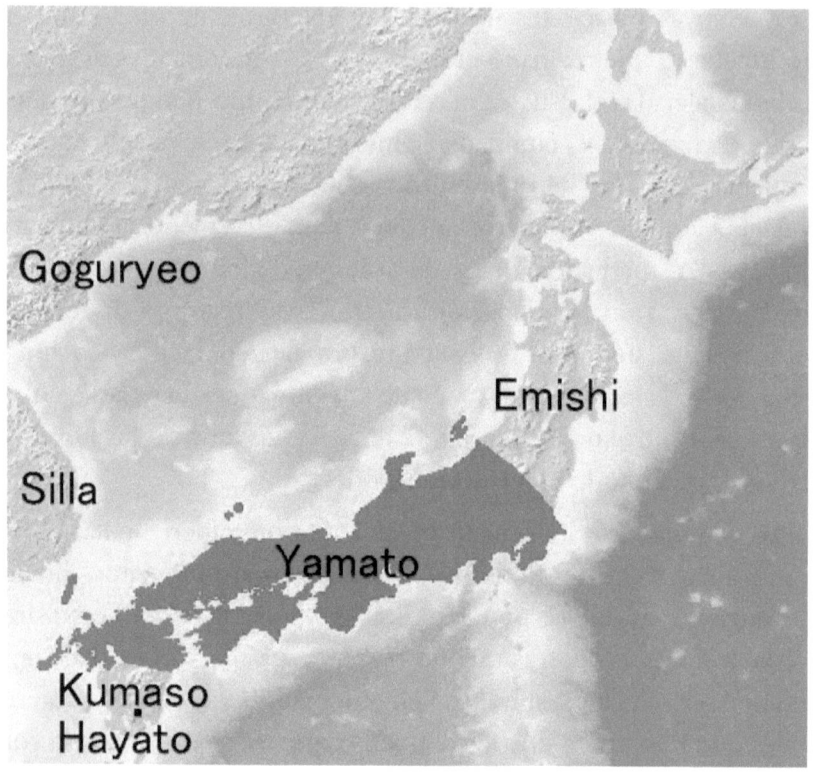

Mapa de la expansión de Yamato. Fuente: https://commons.wikimedia.org

Las relaciones entre Yamato y Baekje dividieron a la sociedad japonesa, o al menos a la clase noble. Algunos ministros de la corte creían que enviar más soldados al extranjero era inútil, mientras que otros veían cierto beneficio en esas expediciones militares. Esto condujo a una serie de enfrentamientos políticos entre los principales clanes nobles en el año 540. Estos enfrentamientos dieron lugar al ascenso del clan Soga, que a partir de ese momento jugaría un papel importante en la antigua historia de Japón. Fue uno de los primeros clanes en lograr un importante avance político, no mediante la guerra y el éxito marcial, sino gracias a métodos de producción y administración importados de Corea y China. Y bajo la guía del jefe del clan Soga, la corte de Yamato centró las acciones del gobierno en acumular control y riqueza, de forma parecida al lema japonés del siglo XIX. "nación fuerte, ejército fuerte". Las acciones gubernamentales en Corea no se detuvieron por completo, pero sí se evaluaron con más cuidado para maximizar sus ganancias. Dado que esta política resultó ser un éxito, la influencia del clan Soga aumentó y su jefe se convirtió en el principal ministro de la corte, adquiriendo el título de gran caudillo real. El clan Soga llegó a casar varios de sus miembros con la familia real, convirtiéndose en el principal clan gaiseki (clan consuegro). Su poder creció tanto que prácticamente gobernaban Yamato, aunque la familia real seguía ocupando el trono. Fue un precedente de lo que se convertiría en una práctica habitual en la historia de Japón cuando se instituyó el shogunato.

Las estrechas relaciones entre Baekje y Japón, junto con el auge del clan Soga, dieron luz una importante novedad que hoy es sinónimo de la civilización japonesa. Se trata del budismo, que surgió en India alrededor del siglo V a. C. y se propagó por China y Corea, adonde llegó en torno al siglo III d. C., para finalmente alcanzar Japón a mediados del siglo VI d. C. Según las fuentes tradicionales, los primeros misioneros fueron enviados por la corte de Baekje como una suerte de regalo para el rey de Yamato. Es discutible si ese fue el caso o si el budismo llegó de forma natural con la migración, pero de una forma u otra, los japoneses se opusieron enérgicamente a la nueva religión al principio. Por el contrario, el clan Soga, que ya había adoptado otras ideas y tecnologías de China, la apoyaba. Tras varias décadas, cuando el clan se convirtió en el poder dominante del estado, el budismo ganó el apoyo del príncipe regente Shōtoku y de su tía, la emperadora Suiko, ambos nacidos de madres Soga. Para ambos, el budismo estaba esencialmente ligado con el desarrollo civilizacional y las ideas provenientes de China y Corea, de modo que los Soga también apoyaron a la nueva religión. Para ellos se trataba de una señal de adelanto cultural. Y con la aceptación del budismo, las ideas del confucianismo, el taoísmo y el pensamiento básico chino se filtraron en Japón. Fue el principio de la llamada iluminación Asuka, que en esencia incorporaba características budistas muy reconocibles.

El príncipe desempeñó un papel crucial en ello. En el 604 d. C. redactó una constitución de diecisiete artículos que bebía en gran medida de los ideales confucianos de armonía y valor en la sociedad. No se trataba de una constitución en el sentido moderno de la palabra, sino más bien una pauta para la conducta y la moral de los representantes del gobierno. También introdujo un sistema de rangos en la corte de Yamato que distinguía a los representantes gubernamentales por el color de sus sombreros, una tradición basada en el sistema estatal de China. En el año 600, Shōtoku y Suiko mandaron a un emisario al recién unificado imperio chino, el primer contacto directo entre ambas naciones tras más de un siglo. La reapertura de esta relación no hizo sino incrementar la influencia cultural de china en Yamato. Pero los informes de este emisario japonés muestran otro desarrollo en la corte de Yamato. El representante de la emperadora Suiko la presentó al emperador chino como la gran reina (okimi), un título tradicional de Yamato que enfatizaba su relación celestial y que imitaba a la ideología imperial china, en la que al emperador se le llama "El Hijo del Cielo". Esto enfureció a la corte de China, pues era una señal de que los gobernantes de Yamato empezaban a considerarse iguales a sus emperadores. Como consecuencia, las relaciones sino-japonesas se deterioraron un poco. Todo esto muestra que en Japón se estaba formando una ideología imperial que, una vez más, estaba claramente influenciada por las tradiciones chinas.

Estos desarrollos políticos en Japón se solidificaron en el año 607, cuando se envió a un nuevo emisario a China. Al parecer, Suiko fue aludida como tenshi, "La Hija del Cielo". El paralelismo con la ideología imperial china era evidente, pero oficialmente, no fue hasta el siglo VII o bien principios del VIII que los gobernantes japoneses utilizaron su título oficial, tennō (emperador imperial) por primera vez. Tras este cambio de título, las historias oficiales se refieren a todos los miembros de la dinastía Yamato por emperadores y emperatrices, incluso los que reinaron en siglos previos. En las más antiguas historias japonesas también se promueve la conexión de su dinastía con los dioses. Los emperadores y las emperatrices descendían de la diosa Amaterasu, y el primer emperador mítico, Jimmu, era su tátara-tataranieto.

Según las tradiciones de la dinastía Yamato, Jimmu gobernó del 660 al 585 a. C. y fue quien formó el propio estado de Yamato. Los historiadores modernos consideran que esto es tan solo una leyenda y sitúan al 15º emperador Ōjin, que gobernó del 270 al 310 d. C., como el más temprano gobernador de Yamato. La tradición de referirse a los dirigentes de la dinastía Yamato como tennō ha sobrevivido hasta nuestros días, y en la mayoría de las historias, esos primeros reyes y reinas, al igual que Suiko, siguen siendo mencionados con sus títulos imperiales.

El príncipe Shōtoku y sus dos hijos. Fuente: https://commons.wikimedia.org

El príncipe Shōtoku no solo envió a un emisario en el año 607, sino que también envió a varios jóvenes para que fueran educados en escuelas y universidades chinas. Fue otra decisión sabia del príncipe y la emperadora Suiko, ya que esos hombres dirigirían la segunda ola de reformas a mediados del siglo VII. Pero antes de que pudieran regresar a casa, la corte se vio sacudida por la agitación política. A final de la década de 620, Suiko y Shōtoku ya habían muerto, al igual que el viejo jefe del clan Soga. Y dado que muchos miembros del clan se habían casado con la dinastía real, la sucesión se convirtió en un asunto en el que el nuevo jefe de los Soga quiso intervenir para así maximizar su influencia. Él y otros miembros del clan Soga con alto rango en la corte empezaron a abusar de su poder. Los otros nobles, incluso algunas ramas distantes del clan Soga, se opusieron a esto. Conforme pasaron los años, surgieron nuevos problemas relacionados con la sucesión real en los que el jefe de los Soga volvió a interferir. Finalmente, la oposición dijo basta y se produjo un golpe de estado organizado por el príncipe Naka no Ōe, el futuro emperador Tenji y Fujiwara no Kamatari, fundador del clan Fujiwara. Los Soga fueron acusados de intentar usurpar el trono y sus miembros más prominentes fueron asesinados.

Tras el golpe, Kōtoku, el tío del príncipe Naka, se convirtió en el nuevo emperador de Yamato. El príncipe Naka no Ōe pasó a ser el jefe de estado, una posición similar a la que tuvo el príncipe Shōtoku. Fujiwara no Kamatari fue nombrado su asesor principal, y otros dos nobles de alto rango ejercieron de ministros del gobierno. Los académicos que el príncipe Shōtoku había enviado a China, y que habían regresado durante la década del 640, también fueron convocados para servir en el gobierno, dado que poseían un valioso conocimiento del sistema gubernamental de China. Con su ayuda, el príncipe Naka y Fujiwara continuaron transformando la administración y el sistema legislativo de Japón, retomando la intención de los Soga de implementar ideas chinas. Estos cambios se conocen como las Reformas Taika (El Gran Cambio), que se extendieron durante varias décadas y terminar por transformar el antiguo sistema real en uno imperial. Lo primero que decidieron el emperador Kōtoku y el príncipe Naka fue que sus ministros debían realizar un juramento ante el gobernante, estableciendo el principio de que eran el soberano y sus consejeros, y no los caciques de los clanes más poderosos, quienes debían regir el estado.

En los años siguientes, el príncipe Naka y Fujiwara siguieron implementando medidas para incrementar el poder y la autoridad de su gobierno central. Nacionalizaron las tierras, abolieron el derecho a que los clanes heredaran sus tierras y utilizaron los terrenos recuperados para apoyar materialmente a los representantes del gobierno cuando fuera necesario. El gobierno también les arrebató a los clanes el control directo de los templos budistas y nombró a sus propios sacerdotes. Con esto se conseguía reducir la fuerza simbólica de los clanes. Con reformas adicionales, estudiaron las tierras y la población para facilitar la recaudación de impuestos existentes y crear otros nuevos. La mayoría de los impuestos pasaron a pagarse según la producción, aproximadamente el 3% de cada cosecha. Pero también había tasas fijas para viviendas y terreno, así como para armas y caballos. Además, los reformadores requisaron armas en todo el país, lo que limitó las revueltas de los nobles más descontentos. El país quedó dividido en provincias, cada una dirigida por inspectores provinciales designados por el gobierno. Estas provincias se dividieron a su vez en distritos en los que los supervisores llevaban cabo la voluntad imperial. Por debajo estaban los jefes de aldea, que presidían unos cincuenta hogares y tenían la labor de limitar y controlar el crimen, además de asegurar el pago de los impuestos. Finalmente, varios edictos imperiales decretaron qué tamaño debían tener los túmulos funerarios según clase y rango, de modo que la jerarquía de cada individuo pudiera conocerse incluso tras la muerte. Todas las reformas mencionadas muestran claramente el poder imperial que el rey de Yamato ejercía sobre el estado, así como la formación de un sistema jerárquico.

Pero con el paso de los años, el espíritu reformista menguó. EL nuevo sistema requería tiempo para ponerse en práctica en pleno funcionamiento, y los reformistas tenían que recuperar su energía. En el año 654, el emperador Kōtoku y fue sucedido por su hermana. En ese período, el imperio chino, bajo la dinastía Tang, empezó a expandir su influencia en Corea y en el 660 d. C. invadió el reino de Baekje, un antiguo aliado de la corte de Yamato. Los chinos recibieron el apoyo de otro reino coreano, Silla y lograron acabar rápidamente con las fuerzas de Baekje. Sus líderes pidieron ayuda a Japón, pero la expedición de los Yamato se vio retrasada debido a la muerte de la reina en el 661. Era el momento propicio para que el príncipe Naka ocupara el lugar que le correspondía en el trono como emperador Tenji. Oyó las súplicas de sus aliados, y en el año 663 envió a sus ejércitos al otro lado del mar para ayudar a Baekje. Sin embargo, no fueron rival para la alianza entre las fuerzas de Tang y Silla. Tras este fracaso, Baekje se convirtió en un reino semindependiente bajo el protectorado Tang, y Japón perdió toda su influencia en Corea. En los dos años siguientes, China atacó a Koguryŏ, el tercer estado coreano que se emplazaba en la zona norte de la península. Baekje también intentó conseguir apoyo militar de Tenji, pero este se dio cuenta de que Corea estaba demasiado lejos de su estado.

Pese a este revés, la derrota política y militar despertó a la corte de Yamato, volviendo a encender la llama del espíritu reformista. Esta revitalización se debió por una parte al temor a una invasión de los Tang, que llevó a construir más fuertes y estructuras defensivas, y por otra a la influencia de los inmigrantes cultos coreanos del gobierno Baekje, caído en desgracia. Estos refugiados, como los llamaríamos hoy en día, trajeron un conocimiento que se utilizó para aumentar el control y la autoridad de la administración central, sus ingresos y la economía Yamato en general. El gobierno de Tenji reconoció el valor de estos nobles y sabios coreanos y, para impulsar las reformas, les confirió rangos bajos en la corte. Entonces, en el 668 d. C. se redactó la primera ley administrativa, conocida como Ōmi-ryō. Este código legal estaba sin duda basado en las tradiciones del sistema burocrático chino y en la filosofía del confucianismo. No se conoce el contenido exacto del Ōmi-ryō, ya que se perdió con el tiempo. Algunos historiadores cuestionaron su existencia durante un tiempo, pero a través de pruebas circunstanciales, se terminó confirmando como real. Y aunque lo más probable es que fuera Fujiwara no Kamatari quien lo compilara, también fue claramente influenciado por los inmigrantes coreanos. El resultado final de estas reformas fue el incremento de la influencia del estado de Yamato tanto en asuntos internos como en externos, motivados por el miedo ante un ataque de China.

Retrato del emperador Tenji. Fuente: https://commons.wikimedia.org

Pero por mucha autoridad que el estado lograra acumular, seguía siendo vulnerable a los conflictos internos entre dinastías. En el 672, Tenji murió. Su hijo y su hermano se disputaron el trono, y durante varios meses, la guerra civil trastocó los planes de reforma. Fue Tenmu, el hermano de Tenji, quien ganó el conflicto y se convirtió en el nuevo líder. Algunos historiadores modernos creen que Tenmu logró coronarse antes incluso de su victoria definitiva, considerándose a sí mismo parte de la lista de emperadores japoneses. Pero este asunto sigue debatiéndose y no tiene demasiada importancia, teniendo en cuenta que, aunque fuera cierto, su reinado no duró más que un par de meses. Antes de que Tenmu solidificase su lugar en el trono, Silla había desafiado directamente al imperio chino y consiguió unificar a Corea en el 668. Así pues, Yamato ya no se veía amenazada por el poder chino, sino más bien por Silla, que le había sido tradicionalmente hostil y que ahora era todo un poder internacional. Tomando como modelo los gobiernos chinos y coreanos, así como las tradiciones de Yamato, Tenmu trató de reforzar su mandato formando lo que después se conoció como tennō-sei, el sistema japonés de gobierno imperial.

Para conseguirlo, así como para proteger a su país de una posible invasión, empezó por reformar y unificar al ejército. Creó un ejército imperial al que emplazó en regiones remotas y en torno a la capital, y después incorporó a los clanes locales en ese sistema, concediéndoles títulos y rangos. De este modo, todos los caciques locales se convirtieron en comandantes militares, lo que reforzó el poder del ejército imperial. Esta innovación transformó a Yamato en un estado militar basado en clanes. Tenmu procedió entonces a potenciar la unidad y la lealtad de sus súbditos aumentando su autoridad sacerdotal y espiritual. Empezó a enfatizar la unión entre la familia real y Amaterasu, estableciendo la base ceremonial e institucional de los monarcas de Yamato como altos sacerdotes y sacerdotisas del culto kami, religión también conocida como Shinto. Además, amplió y finalizó el proceso con el que el trono imperial había estado tomando el control de los templos budistas. Esto le dio al estado de Yamato un carácter más teocrático, influenciado por las normas de los reyes de Silla. Finalmente, Tenmu volvió a reformar las divisiones administrativas de Yamato y su gobierno central. También revisó el Ōmi-ryō añadiendo nuevas leyes. Pese a que esa revisión se hizo tres años después de que muriera en el 689, sus reformas legislativas acercaron a Yamato al estilo de orden burocrático de China.

Las reformas de Tenmu fueron refinadas y completadas por Monmu, su nieto, quien ascendió al trono en el 697 tras un breve período regido por la esposa de Tenmu. Implementó el Taihō-ritsuryō en el 701, el cual, además de añadir la legislación penal (Ritsu), terminó la institucionalización del gobierno imperial. En lo más alto estaba el monarca, cuya voluntad quedó expresada en forma de decretos (mikotonori) y edictos (semmy). Por debajo quedaban el

Departamento de Devoción (Jingi-kan), que se encargaba de las cuestiones religiosas, y el Departamento de Estado (Daijō-kan), que se ocupaba de los asuntos seculares. Este último estaba dirigido por el canciller, el asesor más cercano al dirigente y su principal hombre de confianza. Le ayudaban los Ministros de Izquierda y Derecha y cuatro Grandes Concejales. Todos ellos tenían la tarea de tomar decisiones políticas importantes. Por debajo había tres Concejales Menores, los Controladores de Izquierda y Derecha y ocho ministerios que promulgaban las decisiones del monarca y sus principales representantes. El país quedó dividido en ocho regiones, una de las cuales era la capital. Estas regiones se dividieron a su vez en provincias, cada una de las cuales solía contar con al menos un cuerpo militar de unos mil hombres. Por debajo estaban los distritos y, finalmente, los municipios y las aldeas. Por supuesto, el código Taihō también se ocupaba de otros asuntos, como establecer un sistema de 30 rangos para los representantes de la corte, la propiedad de las tierras, el censo de la población, etc.

Con el Taihō-ritsuryō, el sistema imperial japonés quedó completado, transformando el antiguo reino de Yamato en un imperio. Esto se puede representar simbólicamente con dos ejemplos: en primer lugar, el cambio de nombre de Yamato a Japón a finales del siglo VII d. C. Hasta ese momento, los escribas chinos se referían a la nación como Yamato Wa o Woguo, términos que infravaloraban a los japoneses denominándolos "pueblo sumiso" y nombrando a la nación "país enano", a pesar de que la corte de Yamato intentó usar el mismo símbolo con el significado de "armonía". Así pues, en aquel período, la corte real decidió que se usarían nuevos símbolos que hoy día se traducen literalmente como "raíz/origen del sol", o como los occidentales contemporáneos suelen decir, "el país del sol naciente". Cuando se leían esos caracteres, sonaban como Nippon o Nihon, que es como los japoneses de hoy llaman a su país. De este modo, fue a finales del siglo VII cuando Japón nació de Yamato, que conservó el nombre de la dinastía imperial. El segundo ejemplo sería la creación del título de tennō. Se registró por primera vez en las dos historias más antiguas escritas por los japoneses, Kojiki (año 711) y Nihon Shoki (720). Ambas se refieren a todos los dirigentes previos de Japón como emperadores, incluso a los líderes míticos que precedieron a la corte de Yamato. Dado que se escribieron principalmente para dar crédito a las reformas y normas de Tenmu y Monmu, los historiadores alegan que uno de ellos debió escoger el título para sí mismo, en lugar de recibirlo de forma póstuma.

Alcance de la expansión japonesa en la época del Taihō-ritsuryō. Fuente: https://commons.wikimedia.org

De ambos hechos puede concluirse que hacia el año 707, cuando murió Monmu, el imperio japonés se había formado tanto de forma simbólica como real. También coincide aproximadamente con el fin del período Asuka, ya que Heijō-kyō (la ciudad de Nara en la actualidad) se convirtió en la nueva y próspera capital, construida con ese único propósito. Pero no fue el estado lo único que quedó transformado y renacido durante esa época. Influenciada por las civilizaciones china y coreana, el confucianismo, el taoísmo y especialmente el budismo, la cultura y la sociedad japonesa también cambiaron y evolucionaron. La estructura social seguía dependiendo de una estricta división jerárquica y de clanes, lo cual es sinónimo de los japoneses aún a día de hoy, pero ahora lo hacía en mayor grado, basándose en el rango imperial y la división administrativa. Y las formas artísticas, como la pintura y la escultura, se vieron fuertemente influenciadas por las tradiciones chinas y budistas, y empezaron a asemejarse al estilo tradicional japonés tal y como lo percibimos en la actualidad. Otras formas artísticas, como la literatura, surgieron por primera vez en este período, ya que la escritura se introdujo en Japón desde China durante esta época. Fue entonces cuando nació la poesía clásica japonesa, también llamada Waka. Pese a las fuertes influencias del extranjero, la civilización japonesa logró preservar su singularidad y la conserva en el presente.

Así pues, hacia el año 710 y en los albores del período Nara, llamado así por su nueva capital, el imperio japonés y su cultura completaron un nacimiento que se había prolongado durante casi dos siglos. Se formaron las bases para el estado y la sociedad japonesa, que permanecerían inalteradas hasta el siglo XX. Tras la proliferación cultural y el crecimiento, estos cimientos de la civilización siguen siendo visibles incluso en el Japón moderno del siglo XXI. Los japoneses conseguirían muchos más logros en los siglos siguientes, pues este no era más que el comienzo de su imperio y su dinastía.

Capítulo 3 – Historia del Japón Clásico

El sistema de gobierno imperial, puesto en funcionamiento hacia finales del período Asuka, supuso la creación constitucional del imperio japonés. El uso del título de tennō y el nuevo nombre del país fueron sus representaciones simbólicas. Pero los gobernantes de Yamato se dieron cuenta de que necesitaban una representación más física para dicho cambio crucial. De nuevo, pusieron la mirada en el oeste y se inspiraron en China, ya que decidieron que lo que hoy es la ciudad de Nara, situada en la región del mismo nombre, sería la primera capital auténtica y duradera. La ciudad, que da nombre al período que vino a continuación, se modeló según el patrón rectangular de la capital de China, Chang'an (hoy llamada Xi'an). Con el traslado de la capital a Nara, que empezó en el 708 y terminó en el 710 d. C., el régimen imperial consolidó una mayor permanencia para su gobierno, economía y cultura, además de una representación tanto simbólica como tangible de su autoridad.

Antes de que el emperador Monmu muriera, manifestó su deseo de que su madre lo sucediera hasta que su hijo tuviera edad suficiente para asumir el trono imperial. Así pues, en el año 707, su madre se convirtió en la emperatriz Genmei. Su principal consejero y mano de apoyo fue Fujiwara no Fuhito, el hijo de Fujiwara no Kamatari, uno de los líderes de las Reformas Taika. Una de las primeras acciones que la nueva emperatriz llevó a cabo fue el ya mencionado cambio de capital. Eligió a Nara debido a su posición favorable, ya que estaba rodeada por montañas en tres flancos. También se preocupó por dejarle a su nieto un palacio nuevo y mucho más imponente, desde el cual pudiera gobernar representando la autoridad imperial que acababan de obtener. Genmei quiso reforzar esto con señales religiosas y espirituales de la grandeza monárquica, así que ordenó que se construyeran allí nuevos templos budistas y decretó el traslado y la reconstrucción de otros templos importantes. De este modo, Nara se convirtió también en el centro sagrado del imperio. Fuhito tenía sus propios motivos para apoyar el cambio de capitales. En primer lugar, las tres montañas hacían que la ciudad fuera más segura y fácil de defender. En segundo, gracias a los ríos, tenía una conexión más directa con el mar interior, concretamente en la costa de Naniwa (Osaka en la actualidad). Esto convertía a Nara en un lugar mucho más próspero y adecuado en el sentido económico. Su ascenso como centro político, económico y espiritual del poderoso imperio se hizo evidente tras crecer rápidamente hasta los 200.000 habitantes, de los cuales entre 7.000 y 10.000 eran representantes gubernamentales. Llegó a cubrir un área de unos 25 km cuadrados.

Pero construir una ciudad así, con tantos proyectos de construcción de gran magnitud, perjudicó al estado. Se necesitaron enormes financiaciones y trabajos forzados, llevados estos a cabo por plebeyos no remunerados. El descubrimiento de cobre en el área cercana al Tokyo moderno y su posterior explotación supuso un importante impulso para la economía japonesa, ya que el metal escaseaba en el archipiélago. Se incrementó la producción y se redujo la gran dependencia que Japón tenía de la importación, al tiempo que se facilitaba el comercio local, pues el cobre se usó para acuñar monedas por primera vez. Pero ni siquiera esto fue suficiente, pues los informes revelaban que más del 90% de la población vivía en la pobreza o apenas pasaba de ella. En algunas regiones, los porcentajes eran aún peores. Parece que la prosperidad quedó limitada a Nara y sus distritos colindantes, mientras que todo comercio, producción u aspecto económico fuera de la capital se encontraba prácticamente paralizado. Fuhito se dio cuenta de la importancia de este problema y trató de estimular la economía construyendo estaciones para aligerar el transporte de mercancías, lo que redujo las deudas de los pobres y evitó que los nobles se apropiaran de sus tierras. También intentó aumentar la eficiencia del sistema administrativo local. Además, el gobierno imperial estaba expandiendo su control hacia el norte, conquistando nuevas regiones y pueblos a la par que creaba nuevas tierras cultivables en los territorios que ya poseía.

Modelo en miniatura del palacio imperial de Heijō-kyō (Nara) Fuente: https://commons.wikimedia.org

Pero ninguno de estos métodos bastó para mejorar significativamente la vida japonesa a principios del siglo VIII. Fuhito se dio cuenta de esto y, en el año 717, empezó a revisar el antiguo código legal y a añadir nuevas leyes al mismo. Murió no obstante pocos meses antes de terminar dicho trabajo en el 720, así que el llamado Yōrō-ritsuryō no se implementó hasta el 757. Pese a ello, los historiadores consideran que su reforma del código consiguió reforzar la burocracia administrativa, ya que procuraba incrementar los ingresos y el control del estado.

Sería fácil culpar al ansia del imperio por demostrar su fuerza como la única razón del abatimiento económico. Pero las disputas internas entre nobles, y también entre la familia imperial, contribuyeron a ello. Muchos clanes aristócratas estaban más envueltos en intrigas, embrollos en la corte y en adquisición de influencia que en dirigir al país. La crisis política empezó con la muerte de Monmu, ya que no todos los miembros de la élite apoyaban a la emperatriz Genmei, Fujiwara no Fuhi y su pretendiente al trono, el príncipe Obito. Sin embargo, gracias al poder y el prestigio de todo el clan Fujiwara y a la influencia personal de Fuhito, lograron mantener el control. La emperatriz Genmei y Fuhito consiguieron que Obito, el nieto de Fuhito, se alzara como príncipe de la corona en el 714.

Por razones desconocidas, Genmei abdicó del trono en el año 715. No obstante, Obito no la sucedió. En un precedente único, su propia hija, la emperatriz Genshō, heredó el título. En siglos anteriores había sido más bien común que las mujeres se convirtieran en gobernantes, pero únicamente como regentas. Heredarían el trono de un miembro masculino de la familia real y se lo cederían a su legítimo heredero cuando alcanzara la mayoría de edad. Por este motivo, se considera hoy que el título de emperatriz era solo temporal, pese a ser monarcas en pleno derecho con la misma autoridad y obligaciones que los varones. Este razonamiento se usaría después para proclamar que la herencia exclusiva para varones era una tradición de la dinastía Yamato. De hecho, después de Genshō, fue bastante poco habitual que una emperatriz ascendiera al trono. En este punto de la historia, solo otras tres mujeres habían ocupado el trono japonés. En cualquier caso, el reinado de Genshō quedó asegurado por Fuhito, la mayor figura política del imperio hasta su muerte en el 720. Tras su defunción, el clan Fujiwara perdió el control del gobierno, ya que fue uno de los príncipes imperiales quien pasó a ser la figura más influyente de la corte.

Sin embargo, ese interregno del clan Fujiwara fue breve y duró menos de diez años. Hacia finales de la década del 720, el gobierno volvió a caer bajo el control de los Fujiwara, o más concretamente, de cuatro de los hijos de Fuhito. Estos cuatro Fujiwara advirtieron rápidamente que la economía del imperio se estaba deteriorando. Así que, a principios de la siguiente década, redujeron los impuestos a la mitad, abolieron el reclutamiento y fundaron instituciones de caridad y enfermerías. Al mismo tiempo, el príncipe Obito, quien se convirtió en el Emperador Shōmu en el 724, empezó a expresar su devoción budista y construyó una amplia red de templos, además de nombrar a más sacerdotes y erigir estatuas de Buda por todo el país. Es probable que lo hiciera para incrementar la autoridad espiritual del trono. Pese a ello, mantuvo la asociación imperial con los santuarios ancestrales y las ceremonias kami, muy relacionadas con la religión Shinto. La fe budista se reforzó aún más cuando una epidemia de viruela asoló a Japón entre los años 735 y 737, matando a entre un cuarto y un tercio de la población. Entre las víctimas de la enfermedad se incluían los cuatro hermanos Fujiwara, así como muchos otros representantes de alto rango. El imperio japonés quedó devastado social y económicamente. Esto apremió a Shōmu a financiar aún más templos budistas para aplacar a los dioses. A medida que el clan Fujiwara perdía a sus representantes, Tachibana no Moroe, un Yamato que había sido apartado del clan imperial, se convirtió en el nuevo líder de la corte. Lo apoyaron varios clanes menores que se oponían a los Fujiwara, pero la fricción entre los Fujiwara y los anti-Fujiwara continuó.

Al parecer, Shōmu y su emperatriz también se decantaban ligeramente por los Fujiwara, ya que eran la familia consuegra del emperador. La inestabilidad se convirtió finalmente en combate abierto cuando el hijo de uno de los cuatro hermanos Fujiwara se rebeló en el 740. El gobierno central, bajo la dirección de Moroe, envió a sus tropas y sofocaron rápidamente la revuelta. Temiendo que hubiera más rebeliones, el emperador decidió trasladar su capital varias veces antes de volver a Nara en el 745. En esos años, el régimen de Moroe intentó aliviar los efectos de la epidemia de viruela con varias regulaciones. También redujeron el número de representantes nombrados en gobiernos locales y simplificaron el sistema administrativo. Además, prohibieron el préstamo privado y redujeron el número de soldados reclutados a la fuerza. Pero el cambio más importante se produjo cuando el gobierno permitió que las parcelas de tierra que acabaran de despejarse permanecieran en posesión del cultivador. Esto, en esencia, desvirtuó una de las ideas esenciales del sistema ritsuryō, según el cual todas las tierras eran propiedad del emperador. Aunque esto aumentó ligeramente los ingresos del estado, a largo plazo permitió la acumulación de tierras privadas y degradó el poder imperial. Sin embargo, en el 745, Shōmu enfermó y decidió que su hija, nacida de una madre Fujiwara, sería su sucesora, ya que todos sus hijos habían muerto prematuramente. En el 749, el antiguo emperador abdicó finalmente en favor de la emperatriz Kōken, marcando el principio del fin de Moroe, proceso que no fue rápido ni sencillo. Moroe siguió ocupando una posición relevante en el gobierno durante varios años, pese a que su influencia empezaba a decaer.

El emperador Shōmu. Fuente: https://commons.wikimedia.org

Al mismo tiempo, Fujiwara no Nakamaro, el nuevo líder del clan Fujiwara, empezó a incrementar su poder en la corte, y Moroe acabó siendo obligado a dimitir en el 756. La brecha entre ambas facciones se ensanchó cuando el emperador Shōmu, ya retirado, murió ese mismo año, lo que desató un conflicto en la corte. Moroe murió en el 757, y dado que la oposición empezaba a perder firmeza, Nakamaro fue asignado a una posición ministerial que no había sido constituida por el ritsuryō. La facción anti-Fujiwara se sintió amenaza y trató de organizar un golpe de estado, pero el clan Fujiwara descubrió y desbarató sus planes. Ese mismo año, Nakamaro implementó finalmente el Yōrō-ritsuryō que había compilado Fuhito, su famoso predecesor. Su crueldad a la hora de lidiar con la oposición le hizo perder su popularidad entre el pueblo. Trató de aliviar esto reduciendo impuestos y servicios militares, expandiendo el imperio hacia el norte y colonizando regiones fronterizas en Honshu. Parece que, a pesar de su impopularidad, su mandato era notablemente fuerte y nadie podía desafiarlo.

En el 758, la emperatriz Kōken abdicó en favor de su primo lejano, el emperador Junnin, quien no era más que un mero títere en el trono. Los detalles de su abdicación no están claros, pero parece probable que Nakamaro tuviera algo que ver, dado que poco después Kōken empezó a oponerse más firmemente a él. La muerte de su madre y del principal aliado de Nakamaro en la corte en el 760 fue un punto de inflexión. La brecha entre ambos incrementó dos años después cuando Kōken trabó amistad, y quizá incluso intimó, con un anciano sacerdote budista llamado Dōkyō. Ambos empezaron a reunir fuerzas que se oponían a Nakamaro, incluyendo algunos miembros descontentos del clan Fujiwara. Fue suficiente para hacer que se sintiera amenazado, ya que en el 764 intentó dar un golpe de estado. En cierta batalla, Nakamaro resultó muerto y todas sus fuerzas fueron derrotadas. Al cabo de un año, el emperador Junnin fue exiliado mientras que Kōken volvió a subir al trono como emperatriz Shōtoku. Después procedió a favorecer a Dōkyō otorgándole rangos y posiciones, e incluso consideró legarle el trono, ya que no se había casado ni tenía hijos. Pero el clan Fujiwara, que seguía siendo el más relevante pese a la caída de Nakamaro, no permitió que esto sucediera. Cuando Shōtoku (Kōken) murió en el 770, eligieron a un miembro poco conocido de la familia imperial, el nieto del emperador Tenji, quien no tenía ambiciones políticas importantes. Pasó a ser conocido como el emperador Kōnin.

Bajo su mandato, el clan Fujiwara siguió ejerciendo un control supremo del estado. Redujeron el número de delegados administrativos, orientaron el reclutamiento militar más hacia los ricos y aplicaron penas más severas a los criminales. En el 781, el hijo de Kōnin lo sucedió como emperador Kanmu. Al poco de iniciar su mandato fue objeto de un fallido golpe de estado perpetrado por otros miembros de la familia imperial. En respuesta, y con el apoyo de sus aliados Fujiwara, decidió en el 784 que Nara dejara de ser la capital. El clan Fujiwara apoyó esa decisión al considerar que en una nueva capital podrían controlar más fácilmente a los emperadores. Kanmu también se mudó al ver que los monjes budistas, debido a las políticas religiosas apoyadas por el estado, adquirían demasiado poder e influencia, lo que ponía el mismo trono en peligro como se había visto en el caso de Dōkyō. Así fue, por paradójico que fuera, cómo acabó el período Nara. Por una parte, fue una época de grandes proyectos por parte del estado, con la construcción de una asombrosa ciudad y la expansión general de la cultura. Pero por otra, fue una época de pobreza y muerte, conflictos políticos e intrigas, sin demasiado esplendor. Cualquiera que sea la cara de la moneda que decidamos ver, fue un período en el que la cultura y la historia de Japón entró en su era clásica, marcando la forma en la que la civilización se desarrollaría en siglos posteriores.

El emperador Kanmu eligió capital a Nagaoka-kyō como capital, situada a 32 km al noroeste de Nara. Era una zona muy propicia para la comunicación por tierra y mar, más incluso que Nara. Pero estaba rodeada de ciénagas, lo que la hacía propensa a las inundaciones. En el 785, el principal consejero del emperador y aliado de los Fujiwara fue asesinado en Nagaoka-kyō por los clanes que se oponían al traslado y a los Fujiwara en general. El líder de esta oposición era el hermano del emperador, Sawara, quien se sentía amenazado por la influencia Fujiwara. Samara fue obligado a exiliarse, pero supuestamente prefirió que lo ejecutaran. Pronto, la hambruna, las inundaciones y las epidemias asolaron la ciudad. Kanmu se dio cuenta de que tendría que volver a cambiar de capital y se decantó por Heian-kyō (Kyoto en la actualidad) en el 794. Así empezó el período Heian; la cumbre de la civilización japonesa clásica. El inicio de esta era supone una especie de excepción en la historia de Japón. La mayoría de los emperadores previos y posteriores a Kanmu dependían en gran medida de los clanes importantes como los Fujiwara, y se ocupaban más de las cuestiones espirituales y de actuar como símbolo de la unidad japonesa. Pero Kanmu era diferente, y debido a ese aspecto, fue quizá el más grande emperador de la historia antigua de Japón.

Modelo en miniatura de Heian-kyō (Kyoto en la actualidad). Fuente: https://commons.wikimedia.org

Kanmu se hizo emperador en edad adulta. Era un representante de la corte experimentado y muy culto. Educado con la tradición confuciana en mente, no tenía fervor budista de sus predecesores ni gustaba de gastar el dinero del estado en templos extravagantes. Se trataba de un monarca más bien pragmático, y las circunstancias de su época también contribuyeron a su mandato independiente. Los clanes menores ocuparon varios cargos en el Departamento de Estado tras la crisis gubernamental de la década de 770, y con el asesinato del último gran líder Fujiwara en el 785, Kanmu se encargó de que ninguno de los nuevos jefes de los clanes importantes ocupase cargos importantes en el gobierno. En vez de eso, colocó a varios de sus parientes de la casa imperial en dichas posiciones, o bien las dejó vacantes. También se alió con clanes menores para contrarrestar la oposición de los mayores. El doble traslado anterior de la capital también le ayudó, ya que a los clanes les resultaba costoso mudarse tan a menudo, lo que les desanimó de buscar posiciones en la corte. Al final, aunque no fuera un soberano absoluto, su palabra era ciertamente definitiva en el imperio y obtuvo un poder que muy pocos emperadores japoneses llegaron a tener.

El emperador Kanmu. Fuente: https://commons.wikimedia.org

Uno de sus logros más destacables fueron sus conquistas y colonizaciones en las regiones del noreste de Honshu, contra el pueblo Emishi. Los Emishi consistían en jefaturas más bien primitivas: algunas eran sociedades agrícolas y otras consistían en grupos de cazadores-recolectores. No se conocen sus orígenes con exactitud, pero se ha sugerido que podrían estar relacionado con los Ainu, que en la actualidad viven en Hokkaido. Sin embargo, no se han descubierto pruebas claras al respecto. Los japoneses los han descrito como bárbaros peludos del norte, y pese a su brutalidad, eran respetados por ser fieros guerreros. Algunas de sus tribus ya habían sido conquistadas antes del gobierno del emperador Kanmu, lo que llevó a una revuelta a finales de la década de 770 y a la que Kanmu respondió con retribución en el 781. Y pese a todas las ventajas del imperio japonés, las primeras tres campañas contra los Emishi terminaron en derrota o, en el mejor de los casos, de forma inconcluyente. Durante más de dos décadas, las fronteras del norte de Japón estuvieron bajo la amenaza de los constantes ataques de los Emishi hasta el año 802, cuando el ejército imperial logró una importante victoria contra los bárbaros. Esta victoria expandió y consolidó el mandato japonés en la zona norte de Honshu. La guerra contra los Emishi duró 38 años y llegó a su fin en el 811, once años después de la muerte de Kanmu, con una victoria limitada por parte de otra expedición japonesa.

Y, sin embargo, estas victorias, por limitadas que fueran, fueron para el pueblo japonés mucho más que una simple expansión territorial. Las guerras constantes contra las provincias orientales de Honshu llevaron a la creación de fuerzas privadas de guerreros. Se convirtieron en los precursores de la futura clase guerrera que tanto se asocia con la cultura japonesa. Como parte de las tácticas de colonización, también se reubicaron a varios grupos de los Emishi al sur. Y aunque muchas de esas comunidades desaparecieron rápidamente, algunas consiguieron asimilarse. Quienes sobrevivieron aportaron sus habilidades combativas a la cultura japonesa, convirtiéndose en posibles antecesores de las familias guerreras de Japón. Pero esta larga y dura campaña fue bastante costosa, y combinada con la construcción de una nueva capital, supuso un fuerte estrago para las finanzas del estado. Por eso, en el año 805, Kanmu decidió detener las construcciones en Heian, así como poner fin a sus campañas contra los Emishi. Intentó aliviar la presión de sus arcas eliminando oficinas administrativas que ya no se necesitaban, endureciendo el control de los gobiernos provinciales y reajustando los impuestos. Kanmu incluso disminuyó los gastos para el mantenimiento de los miembros de la dinastía, excluyendo del clan real a descendientes reales a partir de la quinta generación.

La responsabilidad fiscal fue también una característica de su primogénito y sucesor, el emperador Heizei, quien ascendió al trono en el año 806. Esto le hizo bastante impopular entre la nobleza, que también detestaba su conducta propensa a los escándalos. Pero en el 810 enfermó de gravedad y abdicó en favor de su hermano pequeño, el emperador Saga. Sin embargo, poco después de su retiro, Heizei se mudó a Nara y, con la ayuda de parte del clan Fujiwara, intentó rebelarse contra Saga. Sus planes fueron desbaratados y Heizei fue enviado a un monasterio budista, mientras que los rebeldes Fujiwara fueron exiliadas. Saga se convirtió en el pilar del mandato imperial y heredó la sabiduría y la habilidad administrativa de su padre. Abdicó en favor de su hermano Junna en el 823, pero siguió siendo una fuerza vital tras la autoridad dinástica y retuvo mucho poder e influencia. Hasta su muerte en el 842, la influencia de los Fujiwara en la corte era limitada, lo que significaba que los monarcas japoneses estaban consiguiendo mantener su autoridad. Dicha influencia limitada era en parte intencional, ya que Saga tuvo cuidado de no crear fuertes conexiones militares con ellos, y evitó otorgar demasiados puestos importantes en el gobierno a los Fujiwara. También creó un clan llamado Minamoto (a veces también se le llamó Genji), compuesto por anteriores miembros de la familia imperial y que ayudó también a contrarrestar al clan Fujiwara. Pero los Fujiwara también contribuyeron a su propia pérdida de poder, ya que se dividieron en varias casas que pugnaron entre sí, lo que redujo su influencia en la corte.

El emperador Saga. Fuente: https://commons.wikimedia.org

La influencia de Saga fue lo bastante poderosa como para guiar a la casa imperial hacia una nueva abdicación: en el 833, Junna abandonó el trono en favor del emperador Ninmyō. Como hijo de Saga, obedeció a su padre y nombró a su propio hijo príncipe y sucesor. Durante la primera mitad del siglo XIX, pese a todos los esfuerzos de Saga y Junna por adaptarse al sistema ritsuryō y a las nuevas circunstancias socioeconómicas, el gobierno central empezaba a perder su control. Esta tendencia se vio impulsada por el hecho de que los nobles y los miembros de la familia imperial empezaban a acumular poco a poco tierras privadas, mediante concesiones o el cultivo de nuevos terrenos. Cuando Saga murió en el 842, la dinastía Yamato perdió a su hábil líder, al que necesitaban para conservar la norma imperial. A las pocas semanas, la corte real se había dividido en dos facciones. El príncipe, hijo de Junna, notó que su posición estaba en peligro. Tanto Saga como su padre habían muerto, así que asumió que Ninmyō elegiría a su hijo como sucesor en lugar de a él. Así pues, respaldado por varios nobles importantes, incluyendo algunos de la línea imperial y del clan Fujiwara, planeó un golpe de estado. Sin embargo, el emperador se lo vio venir y logró impedirlo. El príncipe real fue depuesto y reemplazado por el hijo de Ninmyō, el futuro emperador Montoku, mientras que varios nobles fueron degradados o condenados al exilio.

Este evento marcó el regreso de la influencia Fujiwara a la corte. El nuevo príncipe había nacido de madre Fujiwara y era sobrino de Fujiwara no Yoshifusa, un poderoso noble cuyo poder iba en aumento. Ninmyō falleció en el 850 y fue sucedido por el emperador Montoku, quien se veía fuertemente influenciado por Yoshifusa, líder de la Casa Norte de los Fujiwara. Yoshifusa aprovechó la oportunidad para casar a su hija con el nuevo monarca, con lo que se convirtió en la madre del futuro emperador Seiwa. Yoshifusa también ascendió a sus familiares en puestos del gobierno, y finalmente, en el 857, se convirtió en el Canciller (Daijō-daiji), el más alto cargo de los representantes del gobierno. Cerca de un año después Montoku murió, y el bisnieto de Yoshifusa pasó a ser el nuevo emperador. La posición de Yoshifusa se reforzaría aún más al convertirse en regente de Seiwa, una posición que fue reconocida oficialmente en el 866, cuando se le concedió el título de sesshō (regente). Con el paso de los años, Yoshifusa purgó la corte de sus rivales de políticos. En el momento de su muerte en el año 872, su prestigio e influencia en cuestiones estatales era más grande que la de ningún noble en el pasado. En esencia, se había convertido en un emperador sin corona ni trono.

Sin embargo, Yoshifusa no tuvo hijos varones, así que adoptó al hijo de su hermano, lo cual era una práctica común por entonces. Su heredero adoptado, Fujiwara no Mototsune, siguió sus pasos. Yōzei creció y se convirtió en una persona bastante violenta: muchos lo comparan con el cruel emperador romano Calígula, y algunas historias lo involucran en los asesinatos de varios cortesanos. Esto hizo que Mototsune le obligara a abdicar en el 884, eligiendo al anciano emperador Kōkō como sucesor. Esto supuso una excepción en la norma Fujiwara de elegir a emperadores menores de edad, ya que estos eran más fáciles de controlar y el clan se aseguraba así de mantener su influencia en la corte. Es posible que lo eligieran para restaurar parte del prestigio imperial que se había perdido por la perversidad de Yōzei. Uda, el hijo de Kōkō, heredó el trono cuando su padre murió en el 887. Al año siguiente Mototsune recibiría el recién creado título de kampaku (internuncio), que le permitiría a él y a todos los posteriores poseedores del título ser regentes de emperadores adultos. La dinastía Yamato no pudo hacer gran cosa al respecto, salvo ver cómo perdían su control del país. Este precedente terminó de establecer la regencia Fujiwara, ahora más importantes e influyentes que los propios emperadores, cuya posición pasaba a ser meramente simbólica. Cabe destacar que todo esto se debió en su mayoría a que la práctica regida en los períodos Nara y Asuka, cuando hermanas y madres actuaban como regentes, se había perdido. Esa tradición se había usado para prevenir que la dinastía Yamato perdiera su autoridad imperial, pero es evidente que los Fujiwara no estaban interesados en mantener esa práctica, sino en usurpar el poder.

Por desgracia para el clan Fujiwara, Mototsune murió en el 891 sin poder dejar un heredero competente. Esto dio algo de espacio a Uda para restablecer el poder imperial, y optó por confiar en la nobleza de rango medio, que tenía menos lazos con los Fujiwara. Uno de estos nobles era Sugawara no Michizane, un gobernador provincial que era especialmente versado en posiciones administrativas y que conocía muy bien los problemas que atormentaban al gobierno. Se convirtió en el Ministro de la Derecha, algo sin precedentes entre nobles de su rango. Como el pragmático burócrata que era, decidió renovar el código legislativo para ajustarlo a las nuevas circunstancias de la administración local. En base a sus propias experiencias, Michizane se dio cuenta de que los gobernadores no eran capaces de cumplir adecuadamente con sus tareas, ya que el sistema ritsuryō se estaba desmoronando con el auge una burguesía provincial con grandes propiedades, el crecimiento de la población errante y la distorsión de los censos de población. Aunque las propuestas de Michizane eran razonables, sus ideas fueron rechazadas. Su posición se debilitó cuando Uda abdicó en favor de su hijo Daigo, que pasó a ser el nuevo emperador en el 897. Por aquel entonces, Fujiwara no Tokihira, el hijo de Mototsune, había madurado lo bastante como para enfrentarse a Michizane en pos del poder. Tokihira demostró ser mejor político y convenció al joven Daigo de que Uda y Michizane habían conspirado contra él. En consecuencia, Michizane fue degradado y exiliado. Pero la victoria de Tokihira fue breve, pues murió en el 909 y dejó de nuevo al clan Fujiwara sin un líder fuerte.

Durante el resto de su mandato, Daigo consiguió reinar sin que los Fujiwara interfirieran demasiado, aunque su presencia en la corte seguía siendo sustancial. Tadahira, el nuevo líder Fujiwara, consiguió que el hijo de un emperador nacido de madre Fujiwara asegurara su posición como príncipe, lo que fue vital para que su clan volviera a ser influyente. En el 930, el emperador Daigo murió y fue sucedido por su hijo de 7 años. Se trataba del emperador Suzaku, que también era sobrino de Tadahira, quien fue su regente a partir del 941 y adquirió el título de kampaku cuando Suzaku llegó a la edad adulta. Y hasta el 939, cuando Tadahira murió, los tres principales cargos del gobierno estaban en manos de los Fujiwara, concretamente de Tadahira y sus hijos y hermanos. El país volvía estar bajo el firme control de los Fujiwara. Durante la década de 940, el gobierno central se dio cuenta finalmente de que tendría que adaptarse a los cambios económicos y las circunstancias sociales. Se instituyeron impuestos sobre el terreno en lugar de impuestos por cabeza. También se aceptó la propiedad privada de tierras, aunque se procuró limitar su expansión y se reconocieron a los gobiernos locales como unidades casi autónomas. A partir de entonces, los gobernadores de provincias solo tuvieron obligaciones tributarias contractuales, de modo que sus impuestos no eran fijos, sino que cambiaban cada año según la situación económica. Esto debilitó el poder del gobierno central y erosionó lo que quedaba del sistema ritsuryō. Los historiadores modernos se refieren a este nuevo sistema como el "Estado de la Corte Real", distinguiéndolo del antiguo régimen jurídico.

El emperador Daigo. Fuente: https://commons.wikimedia.org

Estos cambios no fueron abruptos, sino simples reconocimientos formales de prácticas que habían arraigado con los años. Sin embargo, el declive de la autoridad del gobierno central era evidente. A finales de la década del 930, un importante terrateniente que descendía del emperador Kanmu se rebeló y autoproclamó el nuevo emperador de las provincias del este. Al mismo tiempo, la piratería se había convertido en un problema en el mar interior del oeste. Aunque el gobierno central logró sofocar estas amenazas, la rebelión apuntaba a un futuro en el que los líderes locales y sus grupos de guerreros locales, creados mediante alianzas familiares e intereses locales mutuos, lucharían por cumplir sus propios objetivos. Fue esto lo que moldeó la sociedad de los guerreros samurái en los siglos XI y XII. Suzaku abdicó en el 946, y fue sucedido por su propio hermano, el emperador Murakami. Desde entonces, los jefes Fujiwara no solo mantuvieron todo el poder real, sino que también designaban la línea de sucesión. A partir del año 967, el puesto de regente pasó a ser permanente. Acabaría durando unos 100 años y afianzando al clan Fujiwara como la verdadera autoridad de Japón.

En ese siglo de autoridad Fujiwara, su autoridad apenas tuvo rival, puesto que nombraban y eliminaban emperadores como les placía. Las fricciones e intrigas políticas se producían principalmente entre los propios Fujiwara. A finales del siglo X, el gobierno intentó estabilizar la economía con un control regular de precios y divisas, a la par que regulaba el crecimiento de las propiedades privadas, las cuales estaban exentas de impuestos. Pero la mayoría de estos intentos fueron en vano.

Contrariamente a la erosión gubernamental e imperial, la cultura de Japón florecía. Durante el período Heian, Japón limitó lentamente su contacto con Chinca y Corea. Cada vez se enviaban menos emisarios y el comercio pasó a ser su única conexión. Esto se debió en parte al declive y la posterior caída de la dinastía Tang en China, lo que redujo la influencia cultural en Japón y dio paso a una mayor expresión artística nativa. Esto quedó patente en la literatura, tanto en poesía como en estilos nuevos como la novela y las epopeyas, que se hicieron muy populares en la corte y entre los nobles de prestigio. Incluso la letra del himno nacional moderno de Japón se escribió en este período. Esta "japonización" también se hizo evidente en la pintura, terreno en el que el estilo Yamato ganaba en popularidad. Era reconocible por los vivos colores y la imaginería de la vida en la corte y las historias religiosas de santuarios y templos. Pero la innovación cultural más importante fue el desarrollo del kana, los silabarios originales japoneses, que siguen usándose a día de hoy. El kana era más fácil de usar y tenía muchos menos símbolos, aunque partía de la escritura china. Pese a estas innovaciones, la alfabetización seguía siendo baja, limitada a los nobles y la clerecía budista.

En contraste con estos avances culturales, la economía seguía decayendo. El comercio quedó limitado por la fuerte protección en todos los caminos, y a medida que el gobierno dejaba de acuñar monedas, se regresaba al sistema de trueque. Por otra parte, la élite aristocrática seguía acumulando riqueza gracias a sus propiedades exentas de impuestos, las denominadas shōen. Y dado que el número de shōen seguía creciendo, el poder del gobierno central cayó. En la década de 1040, el gobierno Fujiwara trató de reformar la economía para incrementar los beneficios del imperio. Aunque se consiguieron estabilizar los ingresos del estado, también se reconoció a un gran número de estados shōen, lo que limitó aún más la base tributaria. Los terratenientes locales tuvieron aún más libertad y la autoridad imperial siguió erosionándose. Parece que el clan Fujiwara, así como otros nobles de la corte, estaban más concentrados en sus propios problemas, intrigas y luchas de influencia que en el bienestar de toda la nación. Debería observarse, sin embargo, que los ministros sí se ocupaban de los problemas diarios del gobierno, pero esas cuestiones se hacían a un lado cuando la política lo exigía.

Todo esto hizo que, a mediados del siglo XI, Japón entrara lentamente en la transición entre la época clásica, marcada por el gobierno central, la auténtica autoridad imperial y un sistema legal, y el período medieval. Los emperadores pasarían a ser dirigentes puramente simbólicos en un país dividido entre clanes, los cuales estaban apoyados por los guerreros samurái y constantemente envueltos en disputas de poder y supremacía. Pero los logros culturales de la época clásica influirían en los futuros desarrollos de la civilización japonesa, a menudo considerada la edad de oro de Japón según las generaciones posteriores.

Capítulo 4 – Japón en la Baja Edad Media

Mientras la regencia Fujiwara tocaba a su fin, Japón se acercaba a un cambio definitivo. El ascenso de los terratenientes locales, con el apoyo de sus ejércitos, dio paso a una fuerte clase militar. La lucha por el poder empezaba a pasar de intrigas políticas al combate abierto, así que la importancia de esta clase fue en aumento. Fue el nacimiento de la clase samurái, que dominó prácticamente todo aspecto de la vida japonesa durante siglos y dio a la sociedad japonesa una forma distintiva por la que hoy sigue siendo conocida. Esta transformación no fue rápida ni sencilla. Antes de que los emperadores perdieran todo rastro de su autoridad política, el clan real intentó recuperar el control de su propio imperio una última vez.

Como ocurre con tantos eventos históricos, el azar tuvo mucho que ver con estos cambios. En el 1068, Go-Sanjō se convirtió en el 71er emperador de Japón. Su ascenso al trono llegó en un momento en el que los Fujiwara estaban en pleno declive y perdían su control sobre la corte. Pese a sus intentos, no pudieron impedir la entronización de Sanjō; y por primera vez desde el emperador Uda, hubo un monarca que no había nacido de una madre Fujiwara. Aún más importante era el hecho de que Sanjō era un adulto y, tras servir como príncipe durante más de 20 años, estaba decidido a gobernar por su cuenta. Conocía muy bien el estilo chino de escritura, que se basaba directamente en el dominio imperial, y estaba resuelto a reducir el poder de los nobles más importantes. Empezó a ascender a nobles de rango medio a posiciones más altas del gobierno, al tiempo que intentó que el clan imperial Minamoto reemplazara al Fujiwara en el Consejo del Estado. El emperador Go-Sanjō también intentó regular los estados shōen con la creación de la Oficina de Registro (kirokusho). Esta oficina imponía los edictos en los que emperador decretaba que toda propiedad creada tras el 1045 o que careciera de documentación adecuada debería ser declarada ilegal y confiscada, pasando a formar parte de los dominios privados de la casa imperial. Esto, claro está, también pretendía decrecer el poder de los clanes de élite, sobre todo de la casa Fujiwara. Instauró asimismo varias reformas económicas para estandarizar las medidas, la calidad de la seda y el cáñamo y los precios, todo con el objetivo de aumentar los ingresos del tesoro imperial.

Con todo esto, podría parecer que su reinado sería largo y próspero, pero no fue el caso. Abdicó en el 1073, tras apenas cinco años de mandato. Su primogénito se convirtió en el emperador Shirakawa, mientras que su hijo menor fue nombrado príncipe, y debería suceder a Shirakawa de acuerdo con los deseos de su padre. Pero Sanjō murió a los pocos meses de su abdicación, dejando a su ambicioso hijo mayor libre para reinar como quisiera. En muchos aspectos, Shirakawa fue el mismo emperador que su padre: gobernó de forma directa, sorteando la influencia de los Fujiwara y otros nobles con su propia autoridad y confiando en el clan Minamoto y otros aristócratas de rango medio. El destino le llevó a desviarse de los planes de su padre, ya que su medio hermano murió a causa de una epidemia de viruela en el 1085. Shirakawa ascendió entonces a su propio hijo a esa posición, en lugar de a su otro medio hermano, y abdicó en el 1087 para confirmar su nueva línea de sucesión. Se retiró en un magnífico palacio en el sur de Heian y se apartó de la política durante un breve período. Su autoridad personal evitó que los regentes Fujiwara dominaran a su hijo menor de edad, el emperador Horikawa, un dirigente cauto, bondadoso y dedicado. Pese a estas características, se le recuerda más como un estandarte de su padre, aunque Shirawaka solo participó en la política imperial de la época de forma pasiva.

El emperador Shirakawa. Fuente: https://commons.wikimedia.org

Pero cuando Horikawa murió en 1107 con un hijo de cuatro años como sucesor, Shirakawa no tenía otra elección que volver a colocarse al mano. Así pues, terminó la creación del sistema de gobierno insei, donde el exemperador abdicado sirve como soberano real tras el emperador actual, evitando que la regencia exterior desgastara la autoridad imperial. Lo consiguió gracias al in-no-chō, la oficina privada de los emperadores retirados. Aunque muchos historiadores asocian la creación del sistema insei a Go-Sanjō, este no fue capaz de ejercer presión alguna sobre Shirakawa, ya que murió al poco de abdicar. Pero sí logró establecer los cimientos sobre los que Shirakawa levantaría el sistema insei. Con este sistema, Shirakawa evitó que su medio hermano y sus descendientes pusieran en peligro su propia línea de sucesión, que correspondía a su nieto, el emperador Toba. Después, en 1123, cuando Toba tenía 20 años, Shirakawa le obligó a Toba a abdicar en favor de su hijo. Puede que Shirakawa lo hiciera para asegurar su control sobre la corte, ya que Toba se estaba convirtiendo en un líder bastante capaz, más parecido a él que a Horikawa. El emperador Sutoku le sucedió, y durante sus primeros seis años de mandato, estuvo totalmente controlado por Shirakawa. Pero en 1129, Shirakawa murió finalmente y dejó un vacío de poder. El exemperador Toba lo llenó casi de inmediato, cumpliendo al fin con sus propios deseos de gobernar directamente y consolidar el sistema insei.

La política de Toba fue notablemente distinta de la de su abuelo. Hizo las paces con los nobles importantes y consiguió que algunos le dieran su máximo apoyo, y abrazó las ideas del shōen acumulando algunos terrenos para sí mismo. El único parecido entre Shirakawa y Toba era su devoción al budismo y a la construcción de templos. Toba también había congregado una importante fuerza militar, ya que la vida diaria en Japón se volvía cada vez más peligrosa. Tras la guerra, en la década de 1050, el gobierno central se enfrentó contra los Emishi, que habían vuelto a rebelarse. Se produjeron cada vez más disturbios y disputas entre clanes. El debilitado gobierno central también demostró ser un terreno fértil para bandidos y piratas. El exemperador Toba contrarrestó ese problema nombrando a Taira no Tadamori, el líder de un grupo guerrero, como su protector. A mediados del siglo XII era obvio que los clanes militares y los grupos dedicados a la guerra estaban adquiriendo poder e importancia: Tadamori recibió el mismo trato que recibiría un gran noble, aunque en realidad pertenecía a una clase inferior. Pero a estos nobles guerreros se les seguía viendo como protectores, lo que estaba evidenciado en el término "samurái", que significa "aquél que sirve".

Algunos nobles los miraban con desprecio. Pero al exemperador le resultaban aliados perfectos para pacificar a sus oponentes.

Hacia el año 1142, Toba decidió obligar a su hijo, el emperador Sutoku, a abdicar en favor de hijo predilecto, el emperador Konoe; el menor de todos sus retoños con tan solo tres años. Esta decisión se debió en parte a que no le gustaba que Shirakawa hubiera elegido a Sutoku, pero también se rumoreaba que Sutoku era en realidad el hijo de Shirakawa. En cualquier caso, Konoe murió en 1155 sin herederos. Toba se vio obligado a entronar a su hijo mediano, Go-Shirakawa, aunque no lo consideraba adecuado para gobernar. Toba murió al año siguiente sin tener tiempo para nada más, y Go-Shirakawa se vio sometido a una enorme presión por parte de su hermano Sutoku, quien murió en una batalla apenas un mes tras la muerte de Toba. Ambos hermanos tenían el respaldo de algunos miembros del clan Fujiwara, lo que les procuraba influencia política, y de partes de los clanes Taira y Minamoto, que les reportaban poder militar. La batalla terminó con la victoria de Go-Shirakawa y el exilio de Sutoku. Go-Shirakawa gobernó durante los tres años siguientes e intentó restaurar la importancia simbólica del trono reconstruyendo el palacio imperial, que había sido incendiado unos años antes. También se ocupó de las propiedades shōen obtenidas de forma indebida y de algunas actividades ilegales por parte de importantes templos budistas, como el saqueo y la extorsión, que atormentaban a los campesinos. En 1158 abdicó en favor de su hijo a la par que conservaba su influencia como exemperador, continuando con la senda del gobierno insei de sus predecesores.

Pero su propio hijo, el emperador Nijō, se deshizo de su autoridad insei. Era plenamente consciente de que su padre le deseaba éxito, pero el antiguo emperador no se creía capaz de sortear a Go-Shirakawa y entronar a su joven hijo. Por lo tanto, Nijō esperaba contar con control autónomo sobre el estado cuando subiera al trono. Y buena parte de la corte lo apoyaba. Esta animosidad se vio aumentada a causa de un monje budista llamado Shinzei, que había trabajado estrechamente con Go-Shirakawa para alcanzar posiciones más altas en la corte y restaurar el glorioso pasado al que idealizaba. Esto provocó que las fuerzas anti-insei desataran la llamada rebelión Heiji en 1160, pero perdieron la revuelta. Aun así, Go-Shirakawa obtuvo poco beneficio al respecto, ya que Shinzei también perdió la vida en la escaramuza. Así, la lucha de poder mediante intrigas políticas entre padre e hijo continuó hasta 1165, cuando Nijō murió dejando a su pequeño hijo en el cargo. Pese a esta victoria, Go-Shirakawa no era tan dominante como Toba o Shirakawa. Su aliado militar en la rebelión Hiji, Taira no Kiyomori, obtuvo un puesto importante en el gobierno tras suprimir la revuelta. Se convirtió en una destacada figura política y en un líder militar, volviéndose tan influyente que demostró ser todo un reto pese a ser más amigo que enemigo de Go-Shirakawa.

En 1168, Go-Shirakawa ordenó la abdicación del emperador infantil en favor de su propio hijo, quien se convirtió en el emperador Takakura. Esto complicó la relación entre Go-Shirakawa y Kiyomori, ya que se convirtió en el suegro del emperador. Hasta 1175, los dos hombres más poderosos de Japón se mantuvieron cordiales, pero era evidente que la relación se estaba rompiendo. Pese al resentimiento que crecía lentamente en Go-Shirakawa, siguió confiando en Kiyomori para someter a los rufianes, algunos de los cuales eran los monjes budistas armados que habían asolado las tierras. Pero el poder del clan Taira creció demasiado, ya que Kiyomori no solo ocupaba la posición de los antiguos regentes Fujiwara, sino que también acumulaba un importante poder militar. Go-Shirakawa intentó descolocarlo políticamente en varias ocasiones, lo que llevó a Kiyomori a perpetrar un golpe de estado en 1179. Go-Shirakawa quedó confinado en su hogar, muchos representantes del gobierno fueron reemplazados y Takakura tuvo que abdicar en favor de su hijo de madre Taira, el emperador Antoku. Pero la dureza del mandato de Kiyomori, así como sus orígenes de clase baja, le dejaron con poco apoyo. En las provincias del este, Minamoto no Yoritomo y su clan desafiaron a los Taira, dando comienzo a la guerra Genpei que pondría fin al sistema insei y precipitaría a Japón hacia la era medieval.

Antes de adentrarnos en la guerra y en los subsiguientes desarrollos en la historia de Japón, deberíamos dar un paso atrás para examinar las relaciones exteriores a finales del período Heian. Como se ha dicho antes, Japón estaba un tanto aislada al principio de esta época, y solo comerciaba esporádicamente con Corea y, en menor medida, China. Sin embargo, las circunstancias políticas estaban cambiando en Corea y los comerciantes japoneses no tenía permiso para adquirir mercancías en ese país, de modo que muchos se dieron a la piratería y asaltaron puertos y barcos coreanos. Pero las mejoras en la navegación hicieron que fuera más fácil comerciar con China, y a mediados del siglo XI se abrieron más relaciones directas. El ascenso de la dinastía Song y el renacimiento del poder chino también tuvieron mucho que ver en ello. Las relaciones también crecieron más allá del simple comercio, ya que el emperador chino llamó al emisario oficial japonés. Muchos tradicionalistas de la nobleza japonesa se sintieron ofendidos, ya que lo consideraban una teórica sumisión al emperador de China. Sin embargo, Kiyomori aceptó de buen grado, ya que el clan Taira estaba muy interesado en relacionarse con China, principalmente por cuestiones de comercio. La reaparición del comercio fue importante para la economía japonesa, ya que aparte de muchas mercancías, devolvió las monedas de cobre a la circulación del imperio. Las monedas domésticas habían dejado de circular en el siglo X, así que esto fue un estímulo para el comercio doméstico y facilitó el exterior.

Sin embargo, renovar el contacto con China no lograría entorpecer el desarrollo sociocultural en Japón. En los dos siglos previos a la guerra Genpei, la importancia al alza de los guerreros profesionales, en detrimento de los campesinos reclutados, era irreversible. Además, estaban ligados a la estructura social japonesa basada en clanes, ya que eran leales a sus terratenientes locales. También es crucial observar que, en esa época, estos guerreros no eran aún los espadachines samurái que conocemos. Se les llamaba bushi (servidor marcial) o saburai (antigua pronunciación de samurái), que eran títulos de la corte para auxiliares militares. Eran principalmente jinetes que usaban el arco como principal arma, y recurrían a espadas y dagas solo cuando se quedaban sin flechas. Dos clanes descendientes de la dinastía imperial, los Minamoto y los Taira, lograron convertirse en los principales clanes guerreros enfrentándose a los Emishi en el noreste, a piratas y bandidas en todo el país, y suprimiendo revueltas y disturbios locales. Poco a poco, empezaban a cerrar la brecha entre los aristócratas de la corte y los guerreros provinciales de baja estirpe. Pero conforme crecía su poder militar, también lo hacía su influencia política. Pronto se encontraron disputándose la supremacía de todo el estado en la guerra Genpei, que militarmente era una contienda entre los clanes Taira y Minamoto.

Pintura de una batalla de la guerra Genpei. Fuente: https://commons.wikimedia.org

La guerra empezó cuando el otro hijo de Go-Shirakawa, que se había sentido omitido como sucesor demasiadas veces, pidió ayuda a Minamoto no Yoritomo contra Taira no Kiyomori. Aunque el príncipe había muerto a las pocas semanas de empezar la rebelión, el clan Minamoto continuó luchando. Yoritomo utilizó esto como justificación para promover sus propios objetivos, que pasaban por crear un sistema que no dependiera de la capital. Así podría conceder tierras a sus seguidores y convertir las provincias del este en sus vasallos. Eligió a Kamakura como su centro debido a los lazos históricos que la ciudad tenía con su familia. En las primeras fases de la guerra, los conflictos se limitaron a las provincias del este que albergaban el poder de Minamoto, y tras ganar varias batallas, parecía que los Taira ganaban terreno. Pero la muerte natural de Kiyomori en 1181 debilitó a los Taira, y hasta 1183, ambos bandos estaban concentrados sobre todo en asegurar sus posiciones en sus propias tierras, evitando grandes enfrentamientos entre sí. Hasta que en 1183, Minamoto no Yoshinaka, primo de Yoritomo, consiguió conquistar Heian, que por entonces empezaba a conocerse como Kyoto (ciudad capital). Taira huyó al oeste, llevándose al emperador Antoku consigo. En ese momento, Yoshinaka trató de disputarle a Yoritomo el papel de líder de los Minamoto, a la vez que luchaba contra Taira.

Minamoto no Yoritomo (imagen superior) y Taira no Kiyomori (imagen inferior). Fuente: https://commons.wikimedia.org

Yoritomo se dio cuenta de que no serviría de nada atacar la capital si no recibía apoyo. Contactó con Go-Shirakawa, quien le dio autorización real a su gobierno. Yoritomo ganó así el derecho legítimo a expandir su lucha a lo largo de todo el imperio, ya que había sido designado pacificador del mismo. Ese mismo año, el exemperador Go-Shirakawa ascendió a su nieto Go-Toba al trono, negando la posición de Antoku con ese movimiento. En 1184, Yoshinaka fue expulsado de Kyoto y murió en una batalla contra el hermano de Yoritomo. A continuación, las fuerzas de Minamoto, de nuevo bajo el incuestionable liderazgo de Yoritomo, progresaron hacia el oeste para ocuparse del resto de las fuerzas Taira. No fue una Victoria fácil, ya que la contienda se prolongaría un año más hasta que se produjo la gran batalla naval de Dan-no-ura, en el estrecho de Shimonoseki al sur de Honshu. En esa misma batalla, los Taira, que eran mejores marineros, empezaron tomando ventaja pese a su desventaja numérica. Pero las tornas cambiaron cuando uno de los generales Taira cambió de bando. Al ver que iban a perder, muchos de los Taira se suicidaron. La viuda de Kiyomori se llevó consigo a su nieto, el emperador Antoku, a las profundidades del mar. Al cabo de un mes de batalla, la guerra de Genpei acabó y Yoritomo se llevó la victoria.

El resultado de la guerra fue el fin del período Heian y del sistema insei. Algunos argumentan que todo ocurrió el mismo año, cuando Yoritomo obtuvo el derecho a recaudar impuestos. Pero lo más importante es que consiguió que Go-Shirakawa le diera permiso para nombrar administradores militares (jitō) y gobernadores militares (shugo), quienes se convertirían básicamente en los representantes del gobierno en las provincias. La clase militar obtuvo así un poder y una influencia política sin precedentes. Y dado que sus guerreros eran también sus protectores, Yoritomo acababa de convertirse esencialmente en el señor supremo feudal de Japón. Por supuesto, la feudalización de Japón fue un proceso lento, ya que la mayor parte del terreno permanecería en manos de sus dueños tradicionales durante varias décadas más. En cualquier caso, fue un punto de inflexión en la sociedad y la historia japonesa. Otros historiadores alegan que 1185 no fue el último año del insei, ya que Go-Shirakawa seguía vivo y bloqueaba el paso final del plan de Yoritomo. Los dos se enzarzaron en una lucha política por el poder que solo acabó con la muerte del exemperador en 1192. Ese mismo año, Yoritomo recibió el Viejo título militar de Sei-i Taishōgun (Comandante en Jefe de las Fuerzas Expedicionarias Contra los Bárbaros) que ya recibieran los líderes de las expediciones contra los Emishi. Con este título, más tarde abreviado al más familiar nombre de shōgun, Yoritomo se convirtió en el hombre más poderoso de Japón y dio comienzo al período Kamakura y al shogunato de Kamakura (o el bakufu de Kamakura). Fuera cual fuera el año exacto del fin del insei y del período Heian, queda claro que Japón entró en su época medieval a finales del siglo XII.

Hasta su muerte en 1199, Yoritomo fue el líder indiscutible y dictador feudal de Japón, sobre todo tras su victoria contra la rama norte de los Fujiwara en 1189 y la expulsión de Go-Toba del trono en 1198. Pero pese a ello, nunca dio muestras de querer reclamar el título imperial. La dinastía Yamato seguía siendo el epicentro religioso del país y el símbolo del imperio. Pero gracias a los lentos cambios, así como a los precedentes que se remontaban hasta el período Asuka, al emperador le resultó aceptable no tener autoridad real cuando llegó el shogunato Kamakura y prefirió dejar los asuntos de estado en manos de otros. Aun así, los hijos de Yoritomo no eran tan competentes como él. Su suegro, Hōjō Tokimasa, que procedía de una rama de los Taira que se alió con Minamoto en el año 1180, pasó a ser el regente de su hijo mayor, Yoriie. El hijo de Yoritomo intentó oponerse a su regencia, de modo que Tokimasa desposeyó a Yoriie de su título de shogun en 1203 y lo asesinó un año después. Su hermano pequeño, Sanetomo, se mostró más complaciente, y la regencia Hōjō, a través del título de shikken, se convirtió en un aspecto permanente de la baja edad media en Japón. Al cabo de una generación, los shogunes habían pasado a ser un título simbólico sin autoridad real, al igual que el emperador.

Pero la regencia Hōjō no era incuestionable. Sanetomo fue asesinado, y al no tener un claro heredero, surgió la pregunta de su sucesión. Esto le dio a Hōjō Yoshitoki, el hijo de Tokimasa, una excusa para golpear a la oposición con más fuerza. Sin embargo, el asunto más urgente para él era resolver quién debía ser el próximo shogun. Su voluntad de nombrar a alguien de la familia imperial fue rechazada por Go-Toba, quien empezó a buscar apoyo para sí mismo en Kyoto para aprovecharse del descontento de los guerreros que estaban por debajo de la clase dirigente, así como de los problemas que agitaban el escenario político de Kamakura. Go-Toba, utilizando su derecho imperial a elegir representantes de alto rango en el gobierno -en esencia, la función de un shogun-, se negó. En vez de eso eligió a un joven Fujiwara como el próximo shogun. Pero después cambió de idea y se negó a colocar a un nuevo shogun, considerando quizá que Hōjō y el shogunato Kamakura en su totalidad eran lo bastante débiles como para restablecer la autoridad imperial. A mediados de 1221, Go-Toba le declaró a guerra a los Hōjō, pero su ejército, formado por soldados de todo Japón, era un grupo falto de coherencia y organización que no tenía prácticamente ninguna posibilidad contra sus rivales, guerreros disciplinados de las provincias orientales que luchaban por el shogunato. Go-Toba y sus aliados fueron exiliados, lo que destruyó todo rastro de autoridad imperial y dejó el control del estado en manos de los regentes Hōjō.

El emperador Go-Toba. Fuente: https://commons.wikimedia.org

El sistema que se creó consistía en dos entidades políticas. Una estaba en Kamakura, dirigida por los shogunes Hōjō, designados primero por el clan Fujiwara y luego por los príncipes imperiales. La otra se emplazaba en Kyoto en torno a la dinastía imperial y la corte. Con la expansión del shugo y el jitō, el poder del bakufu se expandía, impulsado por las fuerzas militares de que disponía. Los regentes Hōjō también adquirieron poderes legislativos y judiciales para el shogunato, o siendo más precisos, para ellos mismos. Yasutoki, el hijo de Yoshitoki, se convirtió en el nuevo shikken en 1224 y continuó reorganizando el bakufu. Creó una junta de consejeros que oficiaban como órgano gubernamental del shogunato; después promulgó el Goseibai Shikimoku, el código legislativo del bakufu en 1232 que estipulaba cómo debían funcionar las relaciones vasallas del shugo y el jitō. Aunque su regencia se considera la edad de oro de la supremacía Hōjō, su posición no era completamente incuestionable. El puesto de emperador se consideraba simbólico en ese momento, pero seguía presidiendo, al menos nominalmente, una administración al estilo chino que cubría a toda la población civil en provincias que seguían oficialmente bajo control imperial. De ellas recibía impuestos que, en circunstancias propicias, eran lo bastante cuantiosos como para plantarle cara al shogunato Kamakura.

Yasutoki murió en 1242, lo que volvió a poner el riesgo el delicado equilibrio político. Ese año, el bakufu forzó un cambio de emperadores y entronó a Go-Saga, quien no era ni mucho menos el favorito de los cortesanos de Kyoto. El nieto de Yasutoki, Tsunetoki, pasó a ser el nuevo shikken y trató de reafirmar su posición en 1244 obligando al shogun del momento, Fujiwara no Yoritsune, a abdicar en favor de Yoritsugu, su hijo menor de edad. En 1246, Tsunetoki murió y fue sucedido por su hermano Tokiyori. Go-Saga se convirtió en exemperador ese mismo año, y con su ayuda, Kamakura obligó a Kyoto a adoptar el esquema burocrático de su preferencia. Estos rápidos cambios en ambas capitales despertaron varias intrigas políticas, pero el clan Hōjō mantuvo su firme control. Tokiyori fue incluso varios pasos más lejos para estabilizar su reino. En 1252 instauró a un príncipe imperial, Munetaka, el hijo de Go-Saga, como shogun. De este modo, contaba con títeres en ambas capitales, que además resultaban ser padre e hijo. El régimen Hōjō pudo prolongar así su estabilidad, pero en 1263, Tokiyori murió y ciertas inestabilidades empezaron a manifestarse. La más notable era la disputa en el seno de los propios Hōjō, ya que ciertas ramas del clan trataron de desafiar a la línea principal.

Esto llevó a que se produjeran pequeños cambios administrativos en el bakufu, pero fue la amenaza exterior del imperio mongol de Kublai Kan, que había alcanzado la costa de Corea, lo que puso freno a toda agitación política en Japón. En 1286, Kublai envió una carta al "rey de Japón" mediante su vasallo coreano, el reino de Koryŏ, que en siglos anteriores había unido la península y tenía ciertas conexiones con Japón. En la carta, el líder mongol exigía tributos y el reconocimiento de su supremacía. Parece que su objetivo final era incrementar el prestigio de su dinastía, más que la propia conquista. Pero Kamakura y Kyoto decidieron ignorar su petición. El shogunato empezó a preparar defensas, ya que era obvio que la amenaza mongola era real y grave. Ante la amenaza de una invasión, los japoneses encontraron su unidad nacional y todas las disputas internas de poder cesaron por el momento. Pero Kublai Kan se mostró decidido a resolver el problema de forma diplomática y envió a más emisarios para pedir tributos y reconocimiento. Todos volvieron con las manos vacías. En 1271, la corte imperial recibió un ultimátum del Kan y, de nuevo, ignoraron sus exigencias. El bakufu ordenó que se prepararan defensas en Kyushu. Todos los soldados de esa región regresaron a sus fincas y se emprendieron acciones militares para pacificar a todos los forajidos.

Ante la inminente invasión, la principal rama Hōjō eliminó a todos sus oponentes del bakufu en 1272, ya que querían asegurar la situación en su tierra natal. Las fuentes que se conservan nos dicen que la atmósfera de Japón rebosaba tensión y preocupación, aunque la invasión no llegó hasta 1274, puesto que Kublai Kan decidió terminar de conquistar los territorios chinos del sur antes de lanzarse a Japón. Los mongoles enviaron 15.000 soldados, acompañados por 8.000 guerreros coreanos en unas 800 naves. A su llegada, los invasores tuvieron más éxito que los defensores: estaban mejor equipados, contaban con mejores comandantes y estaban acostumbrados a la lucha y la táctica en grupo. Por el contrario, los guerreros japoneses no habían experimentado contiendas importantes desde 1221, carecían de comandantes competentes y estaban acostumbrados a luchar uno contra uno, incluso en batallas de gran envergadura. Las tropas mongolas progresaron lentamente. Sin embargo, esas victorias solo fueron menores y los mongoles no fueron capaces de establecer una cabeza de puente apropiada para que la invasión prosiguiera. También empezaron a quedarse sin suministros y, sin poder obtener provisiones de las tierras ocupadas, debieron regresar constantemente a sus barcos. Tras varias semanas, el ejército mongol se retiró, perdiendo unos 200 barcos al toparse con una tormenta. No obstante, esta victoria japonesa no eliminó la amenaza del extranjero.

Pintura de una batalla entre los ejércitos japonés y mongol. Fuente: https://commons.wikimedia.org

Hōjō Tokimune, quien había sido shikken desde 1268, se dio cuenta de que sería necesario seguir reforzando las defensas de Japón. Ordenó que tanto los líderes militares como civiles, es decir, los dueños del jitō y el shōen, ayudaran a construir fortificaciones y muros en la costa. También reclutó a muchos guerreros, sin que importara a quién estaban subyugados. En 1275, Tokimune organizó a los guerreros de la región de Kyushu en unidades de dos o tres provincias. Cada unidad serviría activamente durante tres meses cada año, y en caso de producirse una crisis, se movilizarían todas las unidades. Esto supuso una dura carga para todos los guerreros de Kyushu, pero el shikken también exigió que los nobles vivieran frugalmente para que la población no se resintiera más de lo necesario. Finalmente, sustituyó a los gobernantes militares en las provincias más importantes por miembros fiables del clan Hōjō. Así pues, cuando Kublai Kan envió a su segunda invasión en 1281, Japón estaba preparada; al menos más que en la primera ocasión. Pero ahora Kublai estaba totalmente decidido a conquistar Japón, sobre todo después de que los japoneses ejecutaran a todos los emisarios que había enviado desde 1274. Para esta invasión, congregó a dos ejércitos transportados por dos flotas, una desde Corea y otra desde el sur de China. Combinadas, sumaban 4.400 barcos y unos 140.000 hombres. Un ejército comparable a las fuerzas aliadas que invadieron Normandía en la 2ª guerra mundial.

Ilustración del "viento divino" de una época posterior. Fuente: https://commons.wikimedia.org

No obstante, el ejército mongol, que también integraba soldados chinos y coreanos y que atacó desde ambos lados de la isla, no tenía la motivación ni la coordinación adecuadas. Además, sus barcos se habían construido de forma precipitada, con lo que no eran aptos para la navegación en océano abierto, y se toparon con costas fortificadas y unos defensores muy preparados. Así pues, los invasores, incapaces de establecer una cabeza de puente por segunda vez, se retiraron tras la feroz resistencia. Al final, las dos flotas mongolas se unieron y planearon el ataque final. Parte de las fuerzas atacantes ya estaba en la costa, pero un tifón devastó la mayoría de la flota mongola, lo que obligó a los generales a retirarse y dejar que las tropas restantes fueran masacradas por los japoneses. Según las fuentes, entre el 70 y el 90 por ciento del ejército invasor fue destruido. Así pues, fue una combinación de preparación, determinación y pura suerte lo que salvó a Japón de la conquista. Por supuesto, la mentalidad religiosa de los japoneses de la época lo percibió como una intervención de los dioses. Para los sacerdotes sintoístas y budistas, fue un "viento divino" (en japonés, kamikaze) lo que salvó a su nación en forma de tifón, y afirmaron que su país había sido elegido por los dioses. Esta idea perduró en la conciencia colectiva de Japón hasta el final de la 2ª guerra mundial, donde se manifestó a través de los pilotos suicidas que adoptaron el nombre de kamikazes, protegiendo a su nación desde el aire.

Esta unidad nacional, combinada con el firme mandato de la regencia Hōjō, fue consecuencia de la amenaza mongola. Pero la presión se alivió tras derrotar al enemigo. Con la muerte de Kublai Kan en 1294, Japón dejó de estar en peligro, pero los líderes bakufu no quisieron relajar su control y pidieron a los guerreros que siguieran alerta sin darles compensaciones adecuadas. La tensión creció entre los soldados, que culparon al shogunato Kamakura de su desgracia. Y con el paso de los años, los líderes Hōjō se mostraron cada vez menos aptos para controlar y castigar a los soldados insubordinados que ahora luchaban entre ellos. La economía del Japón medieval también se vio castigada por bandidos y piratas. Las posiciones militares de la corte Kamakura se vio debilitada, y el poder político de Kyoto quedó desestabilizado. Además, desde 1270, los líderes bakufu habían ido cambiando la línea de sucesión entre dos ramas de la dinastía Yamato, lo que había despertado rencores entre ellas. Pese a intentar debilitar el poder militar con este movimiento, los emperadores de finales del siglo XIII y principios del XIV mostraron menos obediencia al shogunato. Algunos incluso reformaron sus cortes y su recaudación tributaria para mejorar su propia posición. Todo esto culminó con el ascenso al trono del emperador Go-Daigo en 1318.

Fue un líder firme al que la suerte permitió gobernar sin que los anteriores emperadores interfirieran, ya que la mayoría habían muerto o se habían retirado de la vida política. En tal situación, empezó a soñar con restaurar la autoridad imperial de la "edad de oro" del emperador Daigo, su homónimo, en los principios del período Heian. Con el objetivo de aprovecharse de la cada vez más evidente debilidad del bakufu, tramó su primera rebelión en 1324. Pero sus intenciones fueron descubiertas y Go-Daigo logró apenas salvarse del destierro. Se mantuvo discreto por un tiempo hasta el 1331, cuando organizó una nueva conspiración para derrocar al shogunato. De nuevo lo descubrieron, pero esta vez, tras perder a sus generales, Go-Daigo dio un paso al frente como líder de las fuerzas anti-bakufu. Esto aumentó el apoyo a su movimiento, pero las fuerzas bakufu ganaron y Go-Daigo fue apartado del trono y exiliado. No obstante, esto no erradicó toda oposición al shogunato. Ahora aliados con el hijo de Go-Daigo, los antibakufu, con un gran número de forajidos y guerreros sin señor feudal, empezaron a causar problemas en Kyoto. Fue entonces cuando los Hōjō cometieron el que quizá fue su error fatal. En 1333, enviaron a Ashikaga Takauji a lidiar con el descontento resultante, pero Takauji sentía antipatía por los Hōjō y retomó contacto con el exiliado Go-Daigo.

Takauji, quien pertenecía a una rama del clan Minamoto, advirtió que si sus fuerzas se aliaban con el ejército rebelado podrían derrotar al presente régimen. Gracias al descuido del clan Hōjō, le resultó fácil cambiar de bando. Go-Daigo regresó del exilio y juntos marcharon hacia Kamakura. Presintiendo la inminente caída, Nitta Yoshisada, otro miembro de los Minamoto, se rebeló en este, atacando la capital bakufu y destruyendo las fuerzas del shogunato. La mayoría de los Hōjō que sobrevivieron a la lucha se suicidaron. Go-Daigo usurpó el trono del emperador Kōgon, y así, el primer shogunato japonés cayó. Con la caída de Kamakura terminó el período temprano del medievo japonés, dejando un sistema feudal y unos ideales que seguirían desarrollándose en el futuro.

Capítulo 5 – Japón en la Alta Edad Media

En los inicios de la edad media en Japón se desarrollaron el feudalismo y una sociedad militar, transformando la Tierra del Sol Naciente en la civilización que hoy conocemos. Era una nación unificada con un emperador que oficiaba de líder religioso y meramente simbólico, y se dividía en clanes marciales y aristocráticos que se disputaban la supremacía el título de shogun. Era también un país profundamente religioso, con una mezcla de dos creencias. Una era el budismo, dividido en varias ramas con distintas enseñanzas y cultos, y la otra era el sintoísmo, la religión original japonesa que celebraba la dinastía imperial y adoraba a millones de dioses. Pero durante este período seguía habiendo una cierta resonancia de la sociedad clásica japonesa. Por una parte, el emperador aún reflejaba un eco de la autoridad política imperial que los emperadores ostentaban en el pasado. Por otra, los shogunes, supuestamente todopoderosos, se veían superados por sus regentes, como lo fueron los emperadores de antaño. Esos vestigios de épocas pasadas se perdieron en la alta edad media.

Pero antes de que se produjera esa transformación final, hubo un período bastante breve en el que el emperador Go-Daigo trató de revivir el pasado. En lo que hoy día se denomina Restauración Kenmu, intentó recrear el antiguo sistema legislativo según el cual los nobles civiles mantenían todas sus posiciones gubernamentales y respondían únicamente al emperador, mientras que los soldados no eran más que sirvientes. Empezó a reorganizar su gobierno, confiscando propiedades jitō y dándolas como shōen a sus nobles seguidores. Esta imprudente forma de afrontar cuestiones territoriales le llevó a descuidar el bienestar de la plebe, lo que terminó por enfurecerla. Aún más importante fue el hecho de que Go-Daigo ignoró el deseo de Ashikaga Takauji de convertirse en shogun. En vez de eso, se lo dio a su hijo con la pretensión de controlar Kyoto y Kamakura. Fue la gota que colmó el vaso para Takauji, y los antiguos aliados se enfrentaron. El emperador envió a Nitta Yoshisada para luchar contra él, pero perdió, ya que Takauji tenía más seguidores entre la clase guerrera, que consideraba que Takauji luchaba por su causa. En 1336 Go-Daigo se retiró de Kyoto, lo que puso fin a su restauración y ascendió a Kōmyō al trono como emperador. A cambio, dio el título de shogun a Takauji, lo que marcó el principio del shogunato Ashikaga (bakufu Ashikaga), o el shogunato Muromachi, como pasó a llamarse posteriormente en honor a un distrito de Kyoto en el que los shogunes asentarían sus sedes centrales.

Pese a ello, los enemigos del nuevo bakufu no cedieron en su empeño. Go-Daigo se retiró a las montañas de Yoshino en la provincia de Nara, al sur de Tokyo. Allí, a principios de 1337, estableció la Corte del Sur que se opondría a la del norte, que seguía auspiciada por el bakufu y permanecía asentada en Kyoto. Por primera y única vez, la dinastía imperial se dividió en dos ramas que exigían reinar. Japón entró en una era de incesante guerra civil. Durante la contienda entre ambas cortes, el shogunato Ashikaga dominó en buena parte del conflicto, pero durante un breve período a principios de la década de 1530, la Corte del Sur logró virar las tornas. Debido a la división interna, Ashikaga Tadayoshi, hermano de

Takauji, cambió de bando y logró conquistar tanto a Kamakura, que seguía siendo la capital del bakufu, como a Kyoto. Pero Takauji logró derrotarlo en dos ocasiones, restaurando la supremacía de la Corte del Norte. Los dos hermanos se reconciliaron, pero Ashikaga murió muy poco después, presumiblemente envenenado por Takauji. Sin ejército ni líder competente, la Corte del Sur regresó a la guerra de guerrillas y a las pequeñas escaramuzas con las que continuarían la guerra civil.

Samuráis del período Ashikaga. Fuente: https://commons.wikimedia.org

El largo reinado de Ashikaga Takauji terminó cuando murió en 1358, dejando el título de shogun a su nieto Yoshiakira. Perder a un líder tan capacitado fue un duro golpe para el bakufu Ashikaga, y las fuerzas de la Corte del Sur se convirtieron de nuevo en una seria amenaza. Pero el shogunato fue lo bastante fuerte como para resistir, y en 1368, Yoshiakira fue sucedido por su hijo, Ashikaga Yoshimitsu, quien demostró ser un mejor líder político que su padre. Se dio cuenta de que la estabilidad nunca regresaría únicamente con poder militar, así que se propuso conseguir la legitimidad ganándose el apoyo de los representantes del gobierno imperial. Pese a que estos no le concedían una verdadera autoridad, sí le proporcionaban un necesario apoyo político. Fue él quien, en 1378, trasladó el centro del bakufu de Kamakura al distrito Muromachi en Kyoto. Durante la década siguiente, siguió ascendiendo el rango de los representantes imperiales. El mayor éxito de Yoshimitsu llegaría en 1392, cuando consiguió convencer a la Corte del Sur para que se reconciliase con la rama norte de la dinastía imperial. Prometió que las dos líneas familiares se intercambiarían el trono, promesa que luego ignoraría, provocando la extinción de la rama del sur. Dos años después recibió el título de Gran Canciller del Estado, la posición de mayor rango en el gobierno civil. De este modo, se convirtió indiscutiblemente en la persona más influyente de su época.

Esa fusión de poder militar y político en manos del shogun no se limitaba a rangos y títulos. Yoshimitsu también integró la burocracia de ambos gobiernos, legando cada vez más prerrogativas civiles a los gobernadores militares, llamados shugo. Por ejemplo, recibieron el derecho a recaudar impuestos. A cambio, los miembros de la aristocracia militar que seguían su ejemplo obtuvieron rangos y títulos que correspondían a líderes civiles, como la posición de gobernador provincial. Por otra parte, las crecientes disputas por tierras llevaron a muchos aristócratas a agrupar todos sus dominios en una única propiedad, lo que hacía mucho más fácil controlarla y defenderla, a la par que dejaban el grueso de sus herencias a un único sucesor. Así se evitó que dividieran sus tierras familiares en fragmentos más pequeños. Y ciertamente, los shugos que consiguieron acumular los dominios más grandes fueron quienes más se beneficiaron del nuevo régimen, convirtiéndose poco a poco en lo que los historiadores modernos llaman shugo-daimio: eran, a partes iguales, gobernadores militares de los Kamakura y señores regionales casi independientes en el siglo XV. Yoshimitsu pudo controlarlos mientras vivió, pero poco después de morir en 1408, empezaron a ignorar los edictos y las órdenes de los shogunes Ashikaga.

Antes de morir, Yoshimitsu sentó dos importantes precedentes. Abdicó en favor de su hijo, creando el título de ex shogun; y dado que toda autoridad permaneció en sus manos, esto fue muy parecido al sistema insei a finales del período Heian. También volvió a abrir todas las relaciones comerciales y diplomáticas con China, que por entonces estaba gobernada por la famosa dinastía Ming. De este modo se reavivó la economía comercial de Japón, permitiendo el influjo de monedas, seda y medicinas, así como de la cultura china mediante libros, pinturas y otros productos artísticos. Aún más importante fue que Yoshimitsu aceptó el reconocimiento de China como "rey de Japón". Se benefició de ello en dos aspectos: consiguió que tanto él como el país obtuvieran un mayor reconocimiento en Asia, y se convirtió en el principal beneficiario del comercio, ya que los representantes bakufu controlaban los impuestos del mismo. Así, el emperador dejó de ocuparse de las relaciones con el extranjero, dejándolas en manos del shogun. Por supuesto, muchos consideraron que esto usurpaba las prerrogativas imperiales, pero Yoshimitsu se defendió explicando que tan solo protegía al emperador para que no tuviera que enfrentarse a la realidad de una carta de investidura y su ignominia. Algunas fuentes mencionan que en realidad planeaba usurpar la posición de monarca japonés, pero murió antes de intentar hacer nada al respecto, así que los historiadores no están seguros acerca de dichas intenciones.

Cualesquiera que fueran los verdaderos planes de Yoshimitsu, el bakufu Muromachi se quedó sin verdadero sucesor tras su muerte. Dado que la autoridad central del régimen Ashikaga se tambaleaba, el poder de los señores de la guerra locales fue en aumento. Esto se combinó con el auge de la importancia del budismo Zen, que había llegado desde China a finales del siglo XII y principios del XIII. Sus ideales encajaban a la perfección con una sociedad japonesa cada vez más militarista. En los albores del siglo XV, se convirtió en la facción religiosa más importante y la mayoría de los samuráis y los shugo seguían su palabra. Sus ideales de sencillez, moderación y disciplina eran perfectos para un soldado, pero también predicaba que la muerte debía afrontarse sin miedo. Estos principios se permearon también en la cultura japonesa, donde se manifestaron a través de ideales de naturalismo, sometimiento, sencillez elegante y trascendentalismo. Algunos resquicios de esas ideas aún pueden apreciarse en la cultura japonesa moderna. Todo esto terminó por convertir al Japón de los siglos XV y XVI en una sociedad notablemente militarista, y el bakufu perdía su capacidad para controlar a los señores feudales. En 1441, el shogun fue asesinado por intentar recuperar parte de la autoridad perdida, ya que las rebeliones y las escaramuzas entre shugos eran cada vez más frecuentes.

Esto culminó en una guerra civil en la década de 1460, principalmente a causa de disputas de sucesión por parte de los shogunes Ashikaga. Yoshimasa, el shogun por aquel entonces no tenía hijos, así que adoptó a su propio hermano como sucesor. Pero inesperadamente, tuvo un hijo en 1464, lo que creó divisiones entre los hermanos y los señores feudales que lo apoyaban. La hostilidad acabó por desatar un conflicto conocido como la guerra Ōnin en 1467. Se luchó a lo largo de todo el país, pero los combates más cruentos se produjeron en Kyoto. Tras una década de sangrientas batallas, la guerra amainó sin un claro vencedor, pese al hecho de que Yoshimasha había sido sucedido por su hijo Yoshihisa en 1473. El verdadero resultado de la guerra fue la desintegración del control del bakufu sobre los señores feudales, que siguieron siendo los líderes nominales de los gobiernos civil y militar, pero ahora envueltos en sus propias disputas internas por el poder. Así, el período entre 1467 y 1603 se conoce como período Sengoku (Sengoku Jidai), o Edad de los Estados en Guerra. A partir de ese momento, la transformación de la aristocracia militar de shugo a daimio quedó completada, ya que ahora eran señores feudales con mucha independencia envueltos en guerras casi interminables entre sí. El respeto que le guardaban al emperador y al shogun era tan solo simbólico.

Una batalla de la guerra Ōnin. Fuente: https://commons.wikimedia.org

En poco tiempo, los antiguos clanes y familias aristocráticas fueron apartadas por competentes líderes de familias más pequeñas, las cuales habían afianzado su liderazgo gracias a su crueldad y sus maquinaciones. La mayoría eran antiguas subordinadas de los nobles, y habían permanecido en sus tierras mientras sus superiores luchaban por conseguir influencia en la capital. El caos vino a continuación: todos luchaban contra todos, las frágiles alianzas se rompían rápidamente y se perdió todo sentido de unidad nacional. Las batallas y los ejércitos crecieron en número, y el mayor bando llegó a contar con 50.000 hombres. Los samuráis ya no eran los únicos soldados sobre el campo, aunque seguían siendo una fuerza superior. Entrenados, bien equipados y a lomos de caballos, eran bastante similares a los caballeros medievales europeos. Pero el grueso de los ejércitos eran ahora los soldados a pie, conocidos como ashigaru. Recibían suministros de sus comandantes y servían bajo el mando militar de los samuráis. Y dado que luchaban como ejércitos organizados, las batallas ya no se luchaban uno contra uno. En estos sangrientos tiempos, tanto el emperador como el shogun fueron incapaces de reunir autoridad suficiente para mantener a los señores feudales a raya, pero los mecanismos gubernamentales del bakufu y la administración imperial sobrevivieron, y sirvieron como marco legal durante la guerra civil.

Hacia mediados del siglo XVI, la guerra se había convertido en una cuestión diaria. Pese a ello, la economía crecía. Muchos de los señores promovieron la expansión económica y el comercio, ya que el tamaño de sus ejércitos dependía de la profundidad de sus arcas. Esto llevó a que se cultivaran nuevas tierras, se produjeran avances en técnicas de agricultura y el mercado de comercio creciera. Y dado que los artículos más necesitados eran espadas y armaduras, también se desarrollaron formas rudimentarias de metalurgia. Esto último se vio impulsado por el comercio exterior con China y Corea, de donde se importaban dichos artículos junto con cobre y sulfuro. Además, en la década de 1540 se produjeron los primeros contactos con los europeos, más concretamente con los portugueses. Además de traer el cristianismo, que nunca arraigó demasiado en Japón, trajeron armas de fuego que cambiaron radicalmente la naturaleza de la guerra. Los señores feudales que se adaptaron rápidamente a estas nuevas armas empezaron a ganar ventaja contra sus rivales anticuados. Uno de estos señores fue Oda Nobunaga, un daimio de la provincia de Owari (parte de lo que hoy es la prefectura de Aichi). Como gran estratega, pasó de tener un estatus más bien menor a acumular un poder sustancial tras varias victorias contra sus rivales. Gracias a esto, en la década de 1560 se involucró en una disputa por la sucesión del bakufu, a petición del reclamante Ashikaga Yoshiaki.

Siendo el prodigioso general que era, Nobunaga consiguió capturar Kyoto y establecer a Yoshiaki como nuevo shogun, quien a la larga resultaría ser el último de los shogunes Ashikaga. Por entonces, Nobunaga se había convertido en el daimio más poderoso y empezó a gobernar utilizando a Yoshiaki como poco más que un títere. Descontento con esto, el nuevo shogun empezó a usar la influencia y el poder que le quedaban para levantar oposición contra su antiguo aliado. Esto llevó a Yoshiaki a ser expulsado de Kyoto en 1573, lo que puso fin al shogunato Ashikaga pese a que Yoshiaki mantuvo su título hasta que dimitió oficialmente en 1588. En un intento por endurecer su poder en el país, Nobunaga declaró la guerra a varios señores feudales, algunos de los cuales habían sido anteriormente sus aliados. También atacó abiertamente a templos budistas, ya que durante la guerra civil estos habían ganado en influencia y poder mediante sus monjes guerreros. Nobunaga no mostró piedad alguna en esta serie de ataques: mataba a los prisioneros y no dudaba en masacrar a la población civil si esta se interponía. Nobunaga se percató del potencial de las armas de fuego que los europeos habían traído a Japón, y en 1575, fue el primero en usar de forma extendida el mosquete en la batalla de Nagashino, de la que resultó vencedor. Pocos años después, no quedaba ningún señor feudal que pudiera hacerle frente, y parecía que Nobunaga conseguiría volver a unificar a Japón. Pero su misión por reunificar al País del Sol Naciente se vio interrumpida en 1582 cuando, por razones desconocidas, uno de sus generales le traicionó. Atacó a Nobunaga en un momento en el que viajaba sin escolta, totalmente desprevenido. En un acto final de desafío, Nobunaga se quitó la vida en lugar de darle ese placer a sus enemigos.

Barcos europeos atracados en un puerto japonés. Fuente: https://commons.wikimedia.org

Otros dos daimios se propusieron cumplir con los planes de Nobunaga, y no es coincidencia que fueran sus propios vasallos. El primero en dar un paso al frente fue Toyotomi Hideyoshi. Era un reputado general y un gran estratega que vio una oportunidad en la muerte de su soberano. Adoptando el papel de protector del clan Oda, capturó y castigó al traidor y después utilizó su recién adquirido poder para colocar al joven nieto de Nobunaga como jefe de la familia. Así, Hideyoshi se convirtió en el nuevo dirigente daimio en Japón. Otro gran señor que había servido a Nobunaga era Tokugawa Ieyasu, quien consiguió tierras y poder gracias a su servicio al anterior daimio. Dado que en este momento era el principal rival de Hideyoshi, ambos se disputaron el poder en 1584, pero la campaña terminó resultando inconcluyente. En lugar de llevar la contienda hasta el final, Ieyasu se rindió y aceptó a Hideyoshi como superior, con lo que Hideyoshi pudo continuar con los sueños unificadores de Nobunaga, eliminando uno por uno a todos sus competidores con la ayuda frecuente de Ieyasu. El último en caer, en el año 1590, fue el clan Go-Hōjō, que no tenía ningún parentesco con la antigua familia Hōjō. Japón quedó así unificado, aunque solo por un breve período de tiempo.

Ni Nobunaga ni Hideyoshi se convertirían en shogun, pero el segundo adoptó otros títulos cortesanos, como el de regente, para legitimar su mandato. Trató a Japón como su propio dominio, ignorando el sistema burocrático tradicional. Esta resultó ser una forma bastante eficaz de gobernar. Rápidamente, acumuló gran poder y riqueza y procedió a invadir Corea en 1592 y 1597. También se había propuesto conquistar China. Pese a algunas victorias militares y adquisiciones territoriales que no duraron mucho, ambas campañas fueron un fracaso absoluto. Es por esto que algunos historiadores consideran que su verdadero objetivo era deshacerse de samuráis y generales que ya no le resultaban útiles, ya que Hideyoshi era un avezado general y debería haber sabido que sus ofensivas serían inútiles. No obstante, esta interpretación histórica es discutible.

En cualquier caso, su autoridad sobre Japón quedó asegurada en la década de 1590. No ocurrió lo mismo con su legado. Tenía un hijo de corta edad, y para proteger la supremacía de Toyotomi, Hideyoshi formó el Consejo de los Cinco Sabios (Go-Tairō), formado por los cinco señores feudales más poderosos de la época, para que ejercieran como regentes de su hijo cuando muriera. Entre ellos estaba Tokugawa Ieyasu, quien tras la caída de los Go-Hōjō había recibido territorios a cambio de los suyos propios. Hideyoshi hizo esto para debilitar a su dudoso aliado, alejándolo de la capital y obligándolo a dedicar mucho tiempo y recursos en establecer una base en sus nuevos dominios.

La batalla de Sekigahara. Fuente: https://commons.wikimedia.org

Pero esto no debilitó a Ieyasu, sino todo lo contrario: los terrenos que recibió, que superaban ampliamente en tamaño a sus anteriores tierras, demostraron ser una gran fuente de ingresos y fuerza militar. Ieyasu eligió el pequeño pueblo pesquero de Edo como su nueva capital, ya que ocupaba una posición central en su nuevo territorio. Bajo su gobierno y el de sus sucesores, la pequeña aldea se convirtió en una auténtica metrópolis a la que hoy llamamos Tokyo. En 1598, cuando Hideyoshi murió, Ieyasu pasó a ser el daimio más poderoso. Durante un año, el resto de los miembros del consejo lo mantuvieron a raya. Entonces, tras la muerte de uno de los regentes más experimentados, Ieyasu vio al fin su gran oportunidad. Japón se vio enfrascada una vez más en una guerra civil, dividida entre las facciones pro-Toyotomi y pro-Tokugawa. El enorme poder militar de Ieyasu atrajo a antiguos generales Toyotomi, mientras que sus dotes políticas le valieron el apoyo de dos de los otros sabios del consejo. Ambos grupos se enfrentaron en la batalla de Sekigahara, localizada a medio camino entre Nagoya y Kyoto. Las fuerzas Tokugawa se alzaron con la Victoria. A partir de entonces, nadie pudo cuestionar a Ieyasu como líder absoluto de Japón. Tras hacerse con la posición de shogun en 1603, Ieyasu unificó por fin a Japón bajo un solo gobierno.

Así pues, Oda Nobunaga, Toyotomi Hideyoshi y Tokugawa Ieyasu pasaron a la historia como los tres unificadores de Japón; los líderes militares que, de manera sucesiva, tomaron control del territorio nacional y pusieron fin al período de los Estados en Guerra. Hay un famoso proverbio japonés que expresa las diferencias entre ellos: los tres líderes se encuentran con un pájaro cantor que se niega a cantar para ellos. Tratando de resolver el asunto, Nobunaga dice: "si no canta, lo mato". "Yo lo convenceré para que cante", afirma Hideyoshi. Por su parte, Ieyasu declara: "voy a esperar hasta que cante". Estas respuestas representan los tres factores necesarios para la unificación: impulsividad, confianza y paciencia. La combinación de estas cualidades dio una nueva familia shogun a Japón en 1603, momento en el que dio comienzo la época Edo y el shogunato Tokugawa. Japón entró en un período de paz y dio sus primeros pasos en la era moderna.

Capítulo 6 – La Sociedad Japonesa

A lo largo de los siglos, la sociedad japonesa ha evolucionado hasta alcanzar una complejidad que supera a la mayoría de las civilizaciones de nuestro mundo. Esa complejidad viene del hecho de que, en Japón, la jerarquía de clases ha sido en ocasiones paralela a su cultura, como en el caso de nobles y guerreros. También ha cambiado constantemente con el tiempo, con enormes variaciones en la época medieval, cuando el país carecía de una centralización auténtica. Otro factor de complejidad ha sido la división entre clanes familiares. Este capítulo trazará un esquema de la sociedad japonesa, centrándose en la sociedad feudal y descentralizada del medievo.

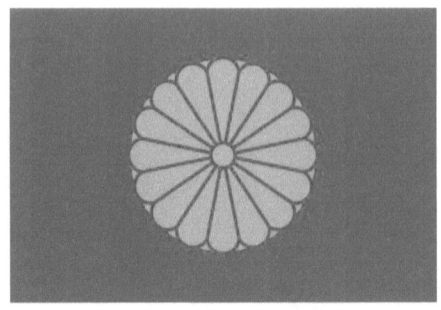

Emblema imperial de Japón. Fuente: https://commons.wikimedia.org

Desde los inicios de la historia del país, o al menos de la historia de los Yamato, el monarca de la dinastía Yamato yacía en la cima del pueblo japonés, tradición que continúa incluso en la actualidad. Aunque al principio eran reyes, a partir del siglo VIII los dirigentes adoptaron el título imperial y se convirtieron en soberanos divinos o tennō. En esa época, los monarcas eran los gobernantes absolutos del país y gozaban de una autoridad, influencia política y poder militar incuestionables. Combinando estos factores, consiguieron unir pequeños reinos en las islas y crear, eventualmente, la nación de Japón. Pero como hemos visto en capítulos anteriores, su papel se volvió simbólico al cabo del tiempo, salvo casos esporádicos de emperadores astutos que consiguieron recrear una autoridad imperial directa. No obstante, por muy simbólica que fuera su presencia, ningún noble o señor de la guerra osaba pensar en reemplazar a la dinastía Yamato en el trono debido a su papel religioso. Siguiendo los ideales de China, el gobernante tenía la función de satisfacer a los dioses por el bien de todo el país. Por encima de todo, estaban conectados mitológicamente con las divinidades que crearon Japón, de modo que destronarlos supondría perder la protección divina en el territorio. Esta tradición es la causa de que incluso hoy, después de 125 monarcas, Japón siga siendo oficialmente dirigida por el emperador en el parlamento monárquico constitucional, pese a no tener verdadera soberanía.

En las edades antigua y clásica, los nobles constituían la clase más alta después del emperador. Ocupaban todos los cargos importantes del gobierno y ayudaban al emperador a gobernar el país. Eran ricos, cultos y poseían grandes terrenos que sufragaban su estilo de vida. Pese a que a veces dirigían ejércitos, no estaban demasiado habituados al combate, ya que la guerra no fue un asunto demasiado común en esas épocas. Su poder residía en la influencia política que acumulaban en la corte. A través de matrimonios, conspiraciones y ciertos acontecimientos, algunos nobles llegaron a ser más poderosos que los propios emperadores, ejerciendo en ocasiones el cargo de regente. Pero cuando los tiempos cambiaron y la fuerza militar empezó a ser más importante que la estrategia política, su importancia disminuyó. Sus tierras fueron absorbidas por los señores de la guerra, la corte perdió su autoridad y, al igual que el emperador, la relevancia de sus puestos gubernamentales se volvió más bien simbólica. Aun así, seguían siendo muy apreciados debido a su ascendencia noble, su educación y sus inclinaciones artísticas. Algunos consiguieron encontrar una forma de interferir en política, aun en una sociedad medieval dominada por los guerreros.

Ashikaga Takauji, fundador del shogunato Ashikaga. Fuente: https://commons.wikimedia.org

Del siglo XI en adelante, la sociedad japonesa se volvió cada vez más militarista debido al auge de la importancia de la clase guerrera.

Los nobles fueron de hecho los primeros en beneficiarse de ello, pues hicieron de la guerra su principal sustento y fuente de influencia. Estos guerreros con descendencia aristocrática combinaron su poderío militar y su influencia política para convertirse en shogunes o shikkens, adquiriendo una mayor autoridad gubernamental y reinando en lugar del emperador, o más concretamente en su nombre. Fueron ellos quienes sustituyeron a los regentes nobles del período Heian, quienes previamente tenían el control del país. Por lo tanto, se establecieron en la cima jerárquica de la clase guerrera. Por debajo de ellos estaban los llamados gokenin, vasallos de los shogunes. A cambio de su apoyo, recibieron extensos patrimonios y sirvieron en la burocracia de los bakufu, a menudo como administradores de fincas (jitō) y gobernadores militares (shugo). Hubo un número relativamente pequeño de gokenin; quizá unos 2.000. Pero dado que también tenían vasallos y aliados, los gokenin no dejaban de ser ricos y poderosos, y a través de este sistema feudal en cascada, aportaron un gran número de soldados para el shogunato. En la baja edad media, durante la guerra civil, los gokenin se convirtieron en señores feudales semiautónomos o daimios. Cabe mencionar que estos guerreros de alto rango solían ser bastante instruidos, ya que también habían servido en la administración shogunal.

Por debajo de la clase gokenin estaban los samuráis. Aunque hoy en día los conocemos como guerreros caballerescos, eran únicamente una clase militar. Ocupaban un lugar medio en la jerarquía social y eran mucho más numerosos que los gokenin. Los guerreros samuráis también poseían sus terrenos, aunque mucho más pequeños que los de los gokenin. Contaban igualmente con decentes ingresos y algunos recibieron educación de calidad. Sin embargo, se centraban sobre todo en desarrollar sus habilidades de combate, y fueron ciertamente guerreros de élite en el Japón medieval, sirviendo principalmente como caballería. Aunque algunos descendían de nobles, esto no era un requisito para convertirse en samurái. Tenían, de forma parecida a los gokenin, vasallos que oficiaban de soldados de a pie y formaban el grueso de sus fuerzas militares. A estos soldados rasos se les entrenaba para el combate, pero no recibían ninguna otra clase de educación. Tenían pequeñas parcelas para vivir con sus familias y dependían en mayor medida de las otras dos clases guerreras. Pasaban, al igual que los samuráis, la mayor parte de su tiempo ocupándose de sus familias y viviendas, al contrario que los gokenin, que solían encontrarse atareados en la capital y el gobierno. Pese a que los guerreros japoneses suelen idealizarse por sus valores de absoluta lealtad, durante las guerras civiles de los siglos XV y XVI sus fidelidades cambiaron con mucha frecuencia. En otro capítulo discutiremos más aspectos de la guerra y de los soldados japoneses.

El siguiente nivel de la jerarquía social lo ocupaban los granjeros y campesinos, conocidos colectivamente como hyakushō. Siendo la clase baja de la sociedad japonesa, constituían la base tributaria del país y solían pagar impuestos sobre el terreno por los campos que cultivaban. Algunos eran un tanto más ricos y poseían sus propias tierras; estos hyakushō recibían el nombre de myoshu. Eran terratenientes locales con cierto grado de independencia, y a veces servían para propietarios del estado (shoen). Por debajo de ellos estaban los kenin, un término que se traduce literalmente como "gente inferior". Labraban la tierra de representantes gubernamentales, propietarios de bienes raíces o, en ciertas ocasiones, incluso granjeros myōshu. Los kenin no tenían derecho a administrar independientemente sus tierras ni libertad de movimiento. Dado que se les podía comprar y vender, y además estaban vinculados a las tierras que cultivaban como parte de la herencia del terreno, su posición era bastante similar a la de los siervos feudales europeos. Hacia el final de la edad media, el estatus social de los kenin empezó a cambiar cuando consiguieron derechos sobre el terreno como arrendatarios agrícolas. En ocasiones, algunos granjeros tenían la oportunidad de convertirse en campesinos-guerreros si sus señores los necesitaban para completar sus ejércitos. Los campesinos-guerreros que mostraran suficiente destreza en combate pasaban a formar parte de la clase guerrera, ascendiendo de este modo en la jerarquía social. Aunque las condiciones de vida y las libertades sociales de los granjeros parecen duras e injustas, lo cierto es que variaban mucho a lo largo de todo Japón. Dependían de las tradiciones locales y de las relaciones entre granjeros y terratenientes. En algunos casos, los kenin llegaban a ser tratados como parte de la familia que controlaba o poseía el terreno.

En lo más bajo de la escala social se encontraban los parias sociales, como los llamados eta, que en esencia eran parias por herencia. Los eta eran miembros de familias que se dedicaban a tareas consideradas impuras desde un punto de vista religioso, a menudo relacionadas con el trato de animales y pieles, como era el caso de los carniceros y los curtidores. También estaban los hinin, que adquirían su condición de parias como resultado de una transgresión social. Dichas transgresiones solían ser crímenes, pero también era posible convertirse en hinin por dedicarse a profesiones consideradas impropias, como la de actor y otros trabajos relacionados con el entretenimiento. Los esclavos, o nuhi, también formaban parte de los grupos más bajos de la sociedad japonesa. Sin embargo, tal y como ocurre con los kenin, la información que se conserva de ellos es bastante dudosa y nunca formaron un porcentaje considerable de la población. Se sabe que hacia finales del siglo XVI las élites empezaron a considerar que la esclavitud era un concepto anticuado e inmoral, y en 1590, Toyotomi Hideyoshi la abolió oficialmente. Algunas formas de "trabajo forzado" persistirían en los siglos posteriores.

Todas estas clases se pueden situar fácilmente en la escala jerárquica, pero la posición social de mercaderes y artesanos en la sociedad japonesa es difícil de definir. Si examinamos la división teórica del orden social japonés, está claro que los comerciantes y los artesanos ocupaban posiciones inferiores, por encima únicamente de los parias. Esto no debería sorprender, ya que, en el Japón de entonces, estos dos campos económicos estaban muy poco desarrollados. Pero a medida que la edad media se acercaba a su fin, ambas clases prosperaron. Los artesanos se volvieron muy reconocidos y codiciados, ya que podían crear objetos necesarios, como mosquetes o espadas de alta calidad, además de trabajar materiales muy apreciados como la seda. Por otra parte, los comerciantes empezaron a generar más dinero y a volverse más influyentes en la sociedad, aunque a menudo se los miraba con desdén. Es importante observar que ambas clases progresaron gracias al desarrollo económico de Japón en el ocaso de la edad media, y que estuvieron muy vinculadas a las nuevas capacidades financieras de los señores feudales, que adquirían bienes de valor para satisfacer sus deseos. A la par que crecían en importancia, mercaderes y artesanos empezaron a formar gremios (za) para monopolizar los bienes que elaboraban o vendían.

La aparición de estas dos clases es un indicativo de la expansión económica japonesa a partir del período Heian. La raíz de esa expansión se nutrió de la agricultura. Algunos avances tecnológicos, como la introducción de los cultivos dobles y las herramientas de hierro, consiguieron incrementar la producción agrícola y crear excedentes que impulsaron los negocios locales. El comercio demostró ser una buena fuente de ingresos, y tanto nobles como señores feudales hicieron todo lo posible por promoverlo. Con el tiempo, los comerciantes empezaron a viajar por todo Japón, levantando una red comercial a lo largo y ancho del país. Esto permitió el desarrollo de una artesanía de alta calidad, capaz de elaborar artículos valiosos que no se ajustaban a todos los bolsillos. Con cada vez más artículos que ofrecer y más dinero para comprarlos, las élites de Japón empezaron a aventurarse en el comercio internacional, que hasta bien entrada la época medieval había sido esporádico y de alcance limitado. Primero conectaron con Corea, después con China -la principal compañera comercial de Japón-, y finalmente los europeos en el siglo XVI. Este comercio estimuló aún más la economía japonesa, permitiendo la entrada de monedas de cobre que poco a poco reemplazaron el sistema de trueque. También se usaron monedas de oro y plata, aunque en menor cantidad, ya que la mayor parte de la población no era lo bastante rica como para utilizarlas. Esto también demuestra que había importantes diferencias económicas en la sociedad del país, y que solo los comerciantes y ciertos miembros de la clase alta vivían con verdadera comodidad. Los granjeros, artesanos y guerreros de clase baja permanecieron en la pobreza, a veces recurriendo a revueltas y protestas sociales para intentar mejorar su situación y sus condiciones de vida.

Pero la sociedad japonesa era demasiado rígida y jerárquica como para que estas revueltas produjeran cambios sustanciales. Dicha rigidez también se aprecia en la posición social que ocupaba la mujer. En la época clásica, las mujeres recibían un trato más igualitario, lo que se demuestra con el hecho de que algunas llegaron a gobernar el país como reinas o emperadoras. En cualquier caso, fueron los hombres quienes dirigieron el país y ocuparon los cargos importantes la mayoría de las veces, además de ser habitualmente las cabezas de familia y los propietarios de las tierras. La llegada del budismo y del pensamiento chino, ideologías mucho más patriarcales que la cultura japonesa, disminuyeron la influencia de la mujer. Algunas escuelas budistas consideraban impuras a las mujeres a causa de la menstruación y el parto, lo que acabó reflejándose en su posición social. Se prohibió que heredaran terrenos y quedaron, en cierto modo, subordinadas a sus padres y esposos. Y como Japón seguía fraccionado, las mujeres se usaron a menudo para reforzar alianzas mediante el matrimonio, o bien tomándolas como rehenes, reduciendo su papel al de ficha política. Por otra parte, algunas esposas de guerreros llegaron a ser entrenadas para el combate, y se esperaba que defendieran su hogar y sus dominios mientras los hombres luchaban en la guerra. También es cierto que los templos budistas ofrecieron refugio a mujeres que escapaban de matrimonios abusivos. Conviene señalar que estos ejemplos se limitan a mujeres de alto estatus, así que la verdadera posición de la mujer en la antigua sociedad japonesa sigue estando envuelta en misterio por la falta de información.

Un mural del período Asuka que representa a varias mujeres. Fuente: https://commons.wikimedia.org

Finalmente, los clanes formaban la última parte esencial de la estructura social japonesa, aportando una mayor profundidad horizontal a un sistema que estaba estructurada de manera muy vertical. Esta división consanguínea empezó en la época en la que la dinastía Yamato gobernaba únicamente su propio reino, y aunque en cierto momento el gobierno central intentó suprimir los clanes, estos siguieron siendo demasiado importantes como para ser disueltos. No obstante, los clanes eran solo una parte de los círculos de élite. Los integrantes de la clase baja quedaban normalmente limitados a su parentesco inmediato, ya que no eran lo bastante ricos como para establecer una estructura social más compleja. Para los aristócratas, los clanes eran una de las partes más fundamentales de la vida. En primer lugar, no todos los clanes eran iguales. Algunos, como los Fujiwara o los Minamoto, fueron bastante extensos e influyentes, mientras que otros, aunque respetables, eran bastante pequeños. Pese al mutuo respeto que los clanes se tenían entre sí, se mantuvieron casi constantemente en conflicto unos con otros y lucharon por la supremacía en el país. En una sociedad como esta, la lealtad al clan propio era crucial, y en algunos casos primaba por encima de la lealtad al país o al emperador. Los clanes también jugaron un papel importante en la vida religiosa, ya que muchos contaban con sus propios templos y cultos ancestrales. El cabeza de familia se alzaba en la cima de la jerarquía y gozaba de autoridad completa sobre los demás miembros del clan. También era posible ser adoptado por un clan, lo que servía a menudo para fortalecerlo o para mostrar gratitud por un servicio prestado.

En la dividida y marcadamente jerárquica sociedad japonesa, la lealtad era una virtud ciertamente apreciada. Reflejaba el desarrollo de la cultura y la historia del país, al tiempo que les daba continuidad. Aun hoy se observan vestigios de estas divisiones y tradiciones en la civilización japonesa. El sistema jerárquico y estructurado de entonces queda patente en la vida corporativa del Japón contemporáneo, donde basta con observar los saludos y reverencias para ver quién es superior a quién.

Capítulo 7 – Guerreros del Antiguo Japón

A medida que la sociedad japonesa se volvía más militarista, los guerreros empezaron a convertirse en uno de los estratos más importantes de su civilización. Así pues, no es posible entender la historia de Japón sin entender a su clase guerrera medieval, sobre todo teniendo en cuenta las ideas erróneas que muchos libros y películas han transmitido sobre ella. El ejemplo más claro es que a menudo suele creerse que todos los guerreros japoneses como samuráis y que todos los samuráis eran guerreros. Como ya hemos explicado en el capítulo anterior, los samuráis eran una clase militar, pero muchos se dedicaron a las artes. De hecho, el propio término "samurái" se popularizó solo cuando la guerra civil se acercaba a su fin, cuando Japón se unificó bajo el régimen de Tokugawa.

La palabra que más se usaba para nombrar a los guerreros en general era bushi, que se traduce literalmente como "hombres de artes marciales". El término se hizo popular en el período Nara, durante el siglo VIII, con lo que precede a la palabra "samurái" por unos doscientos años. Y cuando se empezó a usar el término samurái, se hizo para distinguir específicamente a guerreros que servían a los nobles. En el período Kamakura, los samuráis recibieron rangos oficiales por parte del shogun o de la corte imperial. Solo después de la alta edad media se empezó a hablar de samuráis como soldados de estatus social alto. En cambio, el término "bushi" siempre se utilizó para referirse a guerreros en general, aunque en períodos posteriores fueron considerados parte de las "casas guerreras", o "buke" en japonés. Las buke eran bandas guerreras, o bushidan, que servían a los nobles de las distintas provincias y ayudaban a los representantes gubernamentales a mantener la paz y el orden. Al paso de los siglos, la palabra buke se hizo sinónima de bushi, y empezó a englobar a la clase guerrera en su totalidad. Los líderes militares, que dirigían los ejércitos más grandes y protegían los dominios más extensos, se hicieron aún más poderosos durante el período Sengoku. Con el tiempo pasaron a ser llamados daimio, palabra que significa "gran nombre". Durante esa época, la clase guerrera se convirtió en la cúspide de la sociedad japonesa; quizá no en teoría, pero sí en práctica.

Durante la era de los daimios, la guerra en Japón se convirtió en la idea que la mayoría de la gente de hoy en día tiene de ella. En la época clásica, eran los campesinos reclutados a la fuerza quienes luchaban en el campo de batalla, bajo el mando de los nobles. Pero cuando el gobierno central se debilitó, la práctica del reclutamiento forzoso dejó de ser posible. Así pues, los nobles que necesitaran ejércitos tuvieron que pagar a sus soldados, lo que dio paso a la creación de la clase guerrera. En general, eran ejércitos relativamente pequeños, con números desde unos pocos cientos de hombres hasta unos pocos miles. Y en ese período medieval temprano, la mayoría de quienes luchaban en el campo de batalla eran soldados entrenados. Además, las batallas eran mucho más procedimentales, ya que los ejércitos eran a menudo pequeños y los soldados se enzarzaban en duelos uno contra uno. Había casos en los que toda una batalla se decidía mediante un duelo entre los generales de ambos ejércitos. Pero a medida que la guerra se encarnizaba, y habiendo cada vez más cosas en juego, los generales se dieron cuenta de que no bastaría con confiar en la clase guerrera para ganar la guerra civil. Retomaron la práctica de reclutar campesinos para sus ejércitos, solo que ahora tenían a samuráis, los guerreros de élite de Japón, para entrenarlos. Los ejércitos crecieron en número, llegando a amasar 50.000 hombres, y también se organizaron mejor que antes. La táctica también se volvió más importante debido al creciente tamaño de los ejércitos, y los duelos individuales se convirtieron en acciones coordinadas entre miles de hombres. De este modo, también creció el número de bajas: el período Sengoku es probablemente el más sangriento de la historia de Japón después de la 2ª Guerra Mundial.

Una batalla en el período de Sengoku. Fuente: https://commons.wikimedia.org

Sin embargo, pese a que los samuráis mostraban poca piedad en la cruenta realidad de la guerra, existía una filosofía y un código de conducta que los guiaba. Inspirados por el pensamiento confuciano chino, algunos de los ideales más importantes de los samuráis eran la lealtad y el honor. Cumplir con el deber, ya fuera con superiores o inferiores, era una cuestión de reputación personal y familiar. También se esperaba que fueran corteses y que vistieran de forma adecuada, ya que cualquier imperfección se percibía como una flaqueza de personalidad. El matrimonio era también una parte importante de la vida del samurái, ya que el ideal patriarcal de Confucio lo consideraba un aspecto necesario para la armonía de la sociedad. Si un samurái desobedecía estos códigos de conducta, se esperaba que pusiera fin a su vida, lo que se hacía con un ritual llamado seppuku, también conocido como harakiri. El seppuku consistía en abrirse en canal a uno mismo, y se consideraba una forma para restaurar el honor personal y familiar, ya que se creía que el alma humana residía en el abdomen. A veces, los señores feudales de los samuráis también ordenaban que se ejecutara este suicidio ritual cuando un guerrero incumplía su honor o su misión. La práctica del junshi suponía llevarlo aún más lejos: cuando un señor samurái se hacía el seppuku o moría en combate, sus seguidores se suicidaban en ocasiones como muestra de su lealtad.

Por supuesto, estos ideales no siempre se seguían y hay muchos ejemplos de deslealtad y crueldad entre samuráis. Pero la imagen del samurái se idealizó en períodos posteriores, y estas virtudes se convirtieron en el eje de su imagen. Esto se vio consolidado durante el régimen Tokugawa, cuando se compilaron las primeras reglas de los samuráis. Esta especie de guía para el guerrero se conoció como bushido, "el camino del guerrero". Fue una época en la que se popularizó la idea romántica del samurái espadachín. En realidad, los primeros samuráis solían ir a caballo y usaban sobre todo arcos y flechas. Debido a eso, el tiro con arco y la equitación fueron siempre habilidades importantes en el entrenamiento de los samuráis. También usaban armas de asta como la naginata, una vara de metal o de madera con un filo curvado en el extremo que parecía una mezcla de espada y lanza. Medía entre 1,5 y 3 metros de largo. La naginata fue reemplazada por la yari, una gran lanza de entre 4,5 y 6,5 metros de longitud. Sin embargo, muchos samuráis usaban espadas, y no solo una sino dos: una larga y otra corta. Solían emplearse como último recurso, o bien para resolver diferencias personales con un duelo.

En cualquier caso, estas espadas eran muy admiradas y se consideraban un símbolo de posición social. Por esa razón, la artesanía de las espadas japonesas alcanzó un nivel asombroso hacia la alta edad media. Con gran destreza en el uso del acero plegado y laminado, se elaboraron espadas de alta calidad con muy pocas cantidades de hierro mineral. Esto se debía a que en japón no abundaba el hierro, con lo que había que importarlo. Fue así como los samuráis se hicieron populares por sus formidables catanas. En realidad, la catana era tan solo uno de los tipos de espadas que usaron, y no se desarrollaron hasta finales del siglo XIII y principios del XIV. Medía unos 60 centímetros de largo y era ideal para los duelos. Por otra parte, las espadas tachi aparecieron mucho antes: se remontan al siglo X y medían 90 centímetros de longitud. Cuando aparecieron las catanas, las tachi pasaron a ser más un adorno que una verdadera arma de combato. Las tantō y wakizashi eran espadas cortas o dagas, cuya principal diferencia estaba en su longitud (las tantō median entre 15 y 30 cm; las wakizashi, entre 30 y 60 cm.), y en el hecho de que las tantō no tenían línea en mitad de la hoja. Todas estas espadas tenían sus propias variantes, pero todas tenían en común la forma curvada hacia atrás.

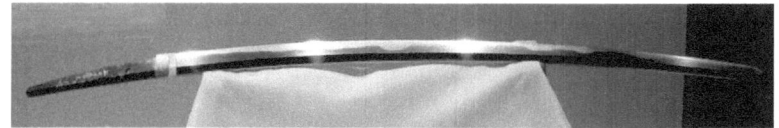

Catana del siglo XIV. Fuente: https://commons.wikimedia.org

Al revés que los caballeros europeos, los samuráis no solían llevar escudos de mano. Sí usaban manteletes, unas barreras de madera que se apoyaban sobre el suelo para resguardarse de los proyectiles enemigos. A veces también se cubrían la espalda con grandes trozos de tela para protegerse de las flechas, lo cual funcionaba sobre todo en maniobras rápidas y cargas, cuando las telas se hinchaban como una bolsa debido al movimiento. También les resultaron útiles a los mensajeros, que no tenían otro modo de defenderse de sus perseguidores. No obstante, la defensa más común era por supuesto el uso de la armadura. Los japoneses se decantaban por una armadura laminar llamada ō-yoroi, que se confeccionaba con pequeñas anillas de cuero o hierro, o bien combinando ambos materiales para mejorar la protección y reducir el peso. Demostraron ser más ligeras y eficaces que las cotas de malla europeas de la época. En el medievo tardío, apareció una versión simplificada del ō-yoroi llamada haramaki. Era más barata y la usaban a menudo los soldados de infantería. Los samuráis, mucho más ricos, empezaban por su parte a utilizar el dō, un tipo de armadura de placas que, con la llegada de las armas de fuego, se convirtió en necesidad. Los samuráis también llevaban unos cascos llamados kabuto, que se hacían con láminas de hierro o acero y protegían el cuello con crestas en los laterales y en la parte de atrás. Los samuráis no usaban armaduras y cascos únicamente para su protección: a menudo estaban pintadas y adornadas con ornamentos para indicar sus lealtades, inspirar a sus compañeros e infundir miedo entre sus enemigos. Junto con las espadas, se consideraban reliquias familiares y a menudo se transmitían de una generación de samuráis a otra.

Casco y armadura del período Kamakura. Fuente: https://commons.wikimedia.org

Cuando el tamaño de los ejércitos se disparó en la guerra civil, los samuráis dejaron de estar solos en el campo de batalla. De hecho, se vieron superados ampliamente en número por los soldados de a pie, conocidos como ashigaru (pies ligeros). Habitualmente, estos soldados no contaban con un entrenamiento militar significativo y recibían suministros de sus señores feudales. Llevaban armaduras más sencillas y cascos cónicos. Aunque solían llevar armaduras de hierro, en ocasiones también portaban equipamiento de cuero. Los ashigaru estaban a menudo armados con armas de asta, normalmente yaris y naginatas, ya que estas requerían menos entrenamiento para usarse eficazmente. También sirvieron como arqueros, lo que a ojos de los samuráis reducía la importancia del tiro con arco. A finales del siglo XVI, unos pocos ashigaru también empezaron a usar mosquetes, ya que las armas de fuego eran cada vez más habituales en el campo de batalla. Estas tropas se consideraban frecuentemente menos dignas y más reemplazables que los samuráis, quienes requerían años de entrenamiento para alcanzar un conocimiento adecuado de estrategia y artes marciales. Otro tipo de combatiente que apareció en japón fue el sōhei, el monje guerrero. Los sōheis aparecieron en épocas de inseguridad para proteger los principales templos budistas, y demostraron ser formidables adversarios, ya que estaban muy bien armados y entrenados. Aunque se les llamaba monjes, no todos los sōheis formaban parte de la orden monástica del templo al que servían.

Un sōhei o monje guerrero. Fuente: https://commons.wikimedia.org

Por esa razón, no era infrecuente que un sōhei acabara convirtiéndose en una amenaza para la sociedad. Algunos se dedicaban a robar a campesinos y expandir las tierras que eran propiedad de los templos. Muchos shogunes y líderes imperiales libraron batallas contra ellos. El último tipo de soldados, si los consideramos como tales, fueron los shinobi. Los occidentales solemos referirnos a ellos como ninjas. Según la imagen idealizada del pasado, los shinobi eran diestros acróbatas que, vestidos de negro, trepaban los muros de los castillos y asesinaban a sus objetivos. Representaban lo opuesto a los ideales de los samuráis. Sin embargo, la realidad de los shinobi es mucho más mundana. Solían llevar ropa que los camuflara con su entorno y se dedicaban principalmente al espionaje y el sabotaje, aunque a veces asesinaban si era necesario. Tampoco eran exactamente un contrapunto a los ideales samurái, ya que casi todos los daimios los contrataban y empleaban. Hacia el fin de la época medieval, el ninjutsu, el arte de la guerra encubierta y las operaciones de guerrillas, empezaba a integrarse en el entrenamiento de los samuráis. Usaban un gran número de armas y herramientas, desde catanas, dagas y estrellas arrojadizas a garfios y bombas de humo. El secreto de su éxito era la adaptabilidad. Sin embargo, solo fueron útiles durante un corto período, desde el siglo XIV hasta principios del XVII, cuando Japón estaba en desorden. A partir de ahí, la figura del shinobi desapareció lentamente.

Muchos otros guerreros japoneses sufrieron el mismo destino tras la victoria de Tokugawa. La mayoría de los samuráis se quedaron sin maestros, convirtiéndose en ronin (hombres errantes). Sin embargo, el espíritu militante de la civilización perduró, ya que el régimen de Tokugawa era aún un shogunato. Y como gobierno militar, dicho régimen se enorgullecía de sus raíces y tradiciones, aunque en el futuro presentaría su pasado de manera muy distorsionada y sesgada. Por lo tanto, los guerreros siguieron siendo una parte importante del estilo de vida japonés aun en tiempos de paz.

Capítulo 8 – La Vida Religiosa

Al igual que ocurre en muchas sociedades antiguas, la religión jugó un papel importante en la historia de Japón. Fue la religión lo que moldeó su arte y su cultura, fomentó el contacto con Asia e influyó el desarrollo del pensamiento japonés. La civilización japonesa no podría entenderse sin religión, sobre todo si tenemos en cuenta que el emperador o tennō era ante todo un líder religioso, y su papel como monarca secular era en todo caso secundario o esporádico. Esa conexión procede de la religión indígena japonesa llamada sintoísmo (Shinto).

Un templo sintoísta tradicional. Fuente: https://commons.wikimedia.org

Traducido literalmente, Shinto significa "el camino de los dioses" y se basa en la adoración de varias deidades conocidas como kami. Según la tradición, hay más de ocho millones de kami, y son de una naturaleza neutral. Si se adoran de forma correcta, son benevolentes; si no, se vuelven destructivas. Por eso, entre los rituales del sintoísmo se incluyen purificaciones, ofrendas de comida, bailes y festivales para honrar a las principales deidades y contentar al resto de los kami. El emperador es una figura central en el sintoísmo, pues tiene la tarea religiosa de mantener el favor de los dioses en todo el país. Otro aspecto importante de la adoración de los kami es la familia y los ancestros. Aunque hay templos sintoístas, es habitual que las familias tengan sus propios santuarios domésticos, donde muestran respeto a sus antepasados, que a veces llegan a ser considerados kami en sí mismos. Estos aspectos muestran una fuerte influencia china en la religión japonesa, la cual estuvo presente en el país antes de la llegada del budismo. El sintoísmo es una religión muy comunal, y en sus festivales y rituales públicos, todos los miembros de la comunidad rezan por el bienestar de los demás. Y dado que los kami están muy conectados con la naturaleza, los antiguos japoneses respetaban su entorno, creyendo que algunas deidades vivían en bosques y ríos. La más alta veneración del mundo natural quedaba reservada a las montañas, donde se creía que residía la mayor conexión entre los kamis y sus antepasados. Esa es la razón por la que muchos templos y santuarios antiguos se encuentran en montañas de Japón.

Lo que distingue especialmente al sintoísmo de la mayoría de las religiones del mundo es la ausencia de textos sagrados centrales o fundadores. Sus tradiciones no se unificaron y normalizaron hasta la alta edad media, con muchas variaciones locales y tradiciones distintas. Sí hubo un cierto culto de estado relacionado directamente con el emperador y la familia imperial. El tennō no era solo un alto sacerdote, sino que, según la mitología, era un descendiente directo de los dioses que crearon Japón. Esa creencia mantuvo a la dinastía Yamato en el trono, pese al hecho de que la mayoría de los emperadores posteriores no tuvieron verdadero poder político. La idea de que los monarcas descendían de los dioses implicaba que el país y la familia imperial contaban con protección divina, lo que protegería contra ataques del extranjero y reafirmaría la superioridad de la civilización japonesa. Las invasiones mongolas del siglo XIII intensificaron esta creencia. Sin embargo, el sintoísmo siguió siendo una religión abierta que no menospreciaba al resto de tradiciones y creencias. Por eso, cuando el budismo llegó al país, no hubo conflictos ni agitaciones.

Templo budista del siglo XII. Fuente: https://commons.wikimedia.org

El budismo, por su parte, tampoco es una religión muy agresiva. Se originó en la India y se propagó después por China, llegando a Japón en mitad del siglo VI, donde se extendió rápidamente gracias a los auspicios de los reyes Yamato. Las principales enseñanzas budistas atañen a la iluminación (nirvana) y la liberación del sufrimiento a través de la meditación y la moralidad de nuestras acciones (karma), ideas muy compatibles con el sintoísmo. También es importante señalar que el budismo cuenta con varias versiones y enseñanzas diferentes, tanto en Japón como en el resto de Asia. Así pues, durante el período Nara clásico, hubo más de seis escuelas budistas diferentes en Japón, y cada una predicaba una forma distinta de alcanzar el nirvana. La primera de ellas fue fundada por los maestros budistas chinos que emigraron a Japón para difundir su religión. Después, los monjes japoneses que viajaron a china para ampliar su conocimiento crearon sus propias escuelas. Solo a finales del siglo XII y principios del XIII, los monjes educados en Japón pudieron obtener el rango de monje budista. Sus ideas y enseñanzas mantuvieron influencias de los principios religiosos de China, pero para entonces, los budistas japoneses ya habían adquirido la práctica de confiar en templos, monjes y rituales para alcanzar la iluminación.

Maestro Zen Dōgen. Fuente: https://commons.wikimedia.org

Pero para algunos monjes, como los célebres Eisai Zenji y Dōgen Zenji, este método era erróneo. Confiaba demasiado en los demás para alcanzar la paz y el nirvana, y hacía que la gente dependiera demasiado de los monjes. Eisai y Dōgen viajaron por separado a China entre los siglos XII y XIII, tras lo cual trajeron el budismo Zen a su país. Tras hacerse maestros Zen en Japón, predicaron que el nirvana debía lograrse a través del día a día, confiando únicamente en uno mismo y en prácticas tradicionales como la meditación. Este tipo de budismo era de una naturaleza más monástica, y al principio no fue muy bien recibida. Sin embargo, la naturaleza estricta y jerárquica de las escuelas Zen se hizo muy popular entre la clase guerrera, y gracias al apoyo de los bakufu Kamakura, la familia Hōjō y, posteriormente, el shogunato Ashikaga, pasó a ser la variante budista más influyente. Su importancia creció significativamente cuando los monjes Zen empezaron a participar en el gobierno shogun a partir del siglo XIV, ya que sus templos pasaron a formar parte del sistema administrativo del estado. La influencia del pensamiento Zen en la cultura japonesa fue inmensa, introduciendo unos ideales basados en la vida moderada y en el goce de cosas tan sencillas como beber té.

Esa influencia no se limitó tan solo a las escuelas Zen. El budismo influyó en el arte, el pensamiento y la civilización japonesa en general. Pese a la supremacía que alcanzó el budismo Zen, el resto de las escuelas nunca desaparecieron. Todos los templos siguieron activos en siglos posteriores, perpetuando y, en algunos casos, evolucionando sus enseñanzas y tradiciones. El hecho de que la mayoría de los japoneses siguieron practicando ceremonias sintoístas facilitó esa coexistencia, ya que su religión se convirtió básicamente en una mezcla de budismo y sintoísmo en cuanto a creencias y tradiciones. Dicha mezcla no era incompatible, puesto que el budismo nunca negó la existencia de dioses, y ambas religiones estaban estrechamente vinculadas al estado y a ciertas ideas comunes. Por ejemplo, las dos se centraban en problemas mundanos como la pobreza y la enfermedad, además de concebir la muere como una transición y no un "final". Mediante la influencia confuciana, tanto el budismo como el sintoísmo veían a la familia como una fuente de actividad religiosa y predicaban el respeto hacia los antepasados. Y pese a las enseñanzas Zen, la mayoría de los budistas y sintoístas confiaban en rezos, invocaciones, festivales y ofrendas rituales para lograr sus objetivos. Por lo tanto, aunque nunca llegaran a fusionarse hasta forma una única religión, el budismo y el sintoísmo se mantuvieron indisolublemente unidos. Incluso en la actualidad, muchos japoneses practican un sincretismo de budismo y kami llamado shinbutsu-shūgō.

Sin embargo, había una diferencia importante entre las dos religiones. El budismo fue introducido por los chinos, quienes también aportaron la alfabetización. Por tanto, los primeros métodos de educación estaban muy ligados a los monjes budistas. En el período clásico, solo los nobles podían permitirse acceder a la educación, además de quienes estudiaran para convertirse en sacerdotes budistas. A medida que el budismo ganó popularidad en la edad media, los templos empezaron a abrirse a otras clases sociales. Pero el alfabetismo seguía en niveles muy bajos y, por lo general, limitados a la aristocracia y a los samuráis emergentes. En 1432 se reestableció la escuela Ashikaga (Ashikaga Gakkō), que estaba vinculada a la familia del shogun y se cree que fundada en el siglo IX. Y pese a ser la primera escuela secular en Japón, estaba dirigida por un monje budista. El programa estudiantil se centraba en la estrategia militar y la filosofía confucianista, ya que se esperaba que la mayoría de los alumnos se integraran en la clase guerrera. A mediados del siglo XVI la escuela contaba con más de 3.000 alumnos de todo el país. La educación impartida en Ashikaga Gakko era de tal calidad que incluso el misionero jesuita Francisco Javier expresó su admiración por ella, algo que los cristianos no acostumbraban a hacer con pueblos a los que intentaban convertir.

La cristianización de Japón en el siglo XVI tuvo, como mucho, un éxito moderado. Los misioneros, en su mayoría de las órdenes jesuita y franciscana, se toparon con una cultura y una visión del mundo muy diferentes. A los japoneses les resultó difícil aceptar la idea de que solo quienes asumieran el cristianismo se salvarían, lo que suponía que sus antepasados estarían eternamente condenados. Aun así, se calcula que en el año 1580 unos 130.000 japoneses se habían convertido, un número considerable dentro de una población de entre 8 y 10 millones de personas. Este número creció debido a que algunos señores feudales cristianizados obligaron a sus vasallos a convertirse. Los misioneros recibieron también el apoyo de Oda Nobunaga y Toyotomi Hideyoshi, quienes vieron una oportunidad para oponerse a templos budistas con demasiado poder, además de impulsar la economía comerciando con los europeos. Pero la unificación del país estaba cerca, y el cristianismo empezó a percibirse como una amenaza para la unidad y la identidad nacional de los japoneses. Así pues, en 1587, Hideyoshi cambió su postura y obligó a todos los misioneros a abandonar el país. Esta orden solo se ejecutó de forma esporádica y muchos misioneros cristianos siguieron trabajando. Cuando Tokugawa Ieyasu tomó el control de Japón, se mostró tolerante con los cristianos para no romper sus buenas relaciones con los comerciantes occidentales. Más tarde, el bakufu Tokugawa empezó a romper lazos con el extranjero y su política gubernamental se volvió contra los cristianos. El shogunato expulsó oficialmente al cristianismo en 1614, tras la redacción de un nuevo edicto que decretaba la expulsión de todos los misioneros cristianos. Ese mismo año, el shogunato empezó a perseguir sistemáticamente a la religión europea. Los templos budistas recibieron la responsabilidad de comprobar que los ciudadanos no eran cristianos, lo cual se hizo mediante un sistema de garantías del templo llamado terauke seido. Para el año 1639 se habían matado al menos a 1.000 cristianos y expulsado otros 13.000 a Manila. Esto supuso a todos efectos el fin de la práctica abierta del cristianismo, que solo sobrevivió en la clandestinidad.

Todo lo anterior expone cuán importante es la religión para la historia de Japón. Tanto el budismo como el sintoísmo estaban muy apegados al estado, tanto por el trasfondo ideológico como por la administración. Los templos fueron cruciales para el desarrollo de la alfabetización, la educación y el conocimiento en general. Por no mencionar que las tradiciones religiosas fueron parte de las raíces de la identidad nacional japonesa. Los rituales y las prácticas religiosas unieron a comunidades locales y nacionales. Budismo y sintoísmo fueron, de hecho, una parte del día a día en el antiguo Japón, dejando una huella incuestionable en la evolución de su cultura y su civilización.

Capítulo 9 – La Cultura Japonesa

Al igual que todas las grandes civilizaciones del mundo, Japón construyó una cultura única. Fue una mezcla de tradiciones indígenas, influencias chinas y budistas y, en períodos posteriores, ideales guerreros. La combinación de estas ideas tejó la cultura japonesa que hoy conocemos, uniendo asombrosas obras de arte y literatura durante siglos hasta crear un sistema en constante crecimiento y, al mismo tiempo, coherente. Es importante examinar detenidamente esa cultura, ya que cuando se piensa en el antiguo Japón, tendemos a centrarnos en guerras y soldados, conspiraciones políticas, generales y emperadores. En realidad, la historia japonesa es mucho más que eso.

Pintura de estilo Yamato-e. Fuente: https://commons.wikimedia.org

Una de las formas más reconocibles del arte japonés es la pintura, que tiene una fuerte influencia china y se divide en dos grupos principales. El grupo más antiguo es el denominado kara-e (pintura de estilo chino). Se introdujo por primera vez en el período Nara y tomó su estilo directamente del arte chino. Se distingue por un estilo monocromático, usando únicamente blanco y negro o bien distintas tonalidades de un mismo color. Otro detalle reconocible es el paisaje montañoso, que evoca el territorio chino más que el japonés. El otro grupo, que no apareció hasta finales del período Heian y prosperó en la alta edad media, se sirve de colores más densos y vibrantes, además de representar el paisaje suave y ondulado de Japón. Se le conoce como Yamato-e (pintura de estilo japonés). Por supuesto, ambos estilos cambiaron y evolucionaron con los años, influenciados por los eventos históricos. Por ejemplo, los artistas Heian se centraban a menudo en romances y escenas cortesanas, y mostraban temas más delicados en general. Con el auge de la clase guerrera, los pintores empezaron a representar conquistas militares, epopeyas bélicas y temas en general más masculinos y marciales. En el siglo XVI, algunos artistas empezaron también a retratar la vida diaria de las distintas clases sociales. Sin embargo, los temas paisajísticos y religiosos siguieron siendo una constante en la pintura japonesa. Al contrario que en la mayor parte de la pintura europea, los artistas japoneses solían pintar sobre seda o bien en pergaminos de varios tamaños, así como en muros y puertas de madera y papel.

Así pues, los cuadros se utilizaban para decorar lugares de muy distinta índole, desde hogares privados hasta palacios y cortes, pasando por templos. Por el contrario, las estatuas se encontraban principalmente en templos. La mayoría estaban hechas de madera y en algunos casos de bronce o arcilla, mostrando por lo general temas budistas. Los primeros escultores del período Asuka se inclinaban por representaciones mitológicas y poco realistas, dándole a sus pinturas un toque de firmeza y divinidad. Al paso de los siglos, se fue cambiando lentamente a un arte más humano, fundamentado en el realismo. Las esculturas adquirieron un estilo más dramático que representaba la emoción y el movimiento de forma más directa. Pese a ello, la serenidad seguía siendo una característica presente. El fin del bakufu Kamakura impulsó la búsqueda del realismo, elevándola hasta un punto en el que se convertía en realismo exagerado. Un ejemplo de esto se encuentra en el uso de cristales a modo de ojos (gyokugan, o "ojos de joya"). En la época medieval también fue habitual pintar y decorar esculturas de madera, dándoles una presencia más vívida. En períodos anteriores, los escultores solían trabajar en templos o, en algunos casos, para el emperador. Pero en el medievo tardío, el mecenazgo pasó a ser un asunto de la clase guerrera en la mayoría de los casos. También hubo un descenso de la calidad y cantidad de las estatuas, aunque en algunos casos, los mecenas solicitaban retratos de sí mismos, apartándose ligeramente de los temas budistas.

Estatua de madera del siglo XII. Fuente: https://commons.wikimedia.org

La influencia del budismo también se reflejó en una forma artística más práctica: la arquitectura. En períodos tempranos, los constructores japoneses erigían estructuras sencillas con madera no tratada, la cual no se pintaba ni apenas se decoraba. Con la llegada del budismo, la influencia china introdujo estructuras de mayor tamaño, una madera tratada y más colorida y una mayor atención a la decoración. Las altas pagodas de varios pisos se convirtieron en el modelo básico de los templos budistas. Pero con el tiempo, los arquitectos japoneses se dieron cuenta de que los terremotos eran frecuentes en su país, y empezaron a emplear vigas de tirantes para darle robustez a los edificios. Estas vigas también hacían que fuera fácil decorar columnas y barras. Además, empezaron a usar un maderaje más grueso, duradero e imponente. Y con la propagación la ideología Zen y la militarización de la sociedad en la edad media, los arquitectos japoneses regresaron a un estilo simple de ornamentación. Cuando el budismo Zen llegó desde China, se adoptó el uso de ventanas en forma de campana. Por entonces, las pagodas empezaban poco a poco a pasar de moda. Los principios Zen también cambiaron los jardines, que pasaron a usar arena o gravilla para reemplazar al agua de estanques y lagos, algo mucho más común en períodos anteriores. En contraste con la arquitectura budista, los santuarios sintoístas siempre fueron pequeños y sencillos, con forma similar a los antiguos graneros. El aspecto más reconocible de la arquitectura sintoísta era la puerta del templo, que, aunque tenía una sencilla estructura con solo dos vigas horizontales, jugó un papel religioso muy importante como acceso al recinto sagrado. Hoy en día, esa puerta se denomina torii y se considera un símbolo mundial del sintoísmo.

Una torii, puerta tradicional sintoísta. Fuente: https://commons.wikimedia.org

Las dos religiones también estaban muy ligadas al resto de las artes escénicas. Los sacerdotes sintoístas interpretaban el kagura, la música y danza de los kami. El kagura tenía varias variaciones locales, pero en cierto punto llegó a ser interpretado por el emperador en la corte real. En los rituales budistas eran habituales los cánticos, los bailes y la música de varios estilos. Sin embargo, tanto la música como la danza eran también eran comunes en ambientes no religiosos. En el período Nara surgieron el gagaku y el bugaku (tradición musical y tradición de baile, respectivamente). Pese a ser de naturaleza laica, el hecho de que se interpretaran a menudo en la corte les confería una cierta connotación religiosa, y llegaron a interpretarse en ocasiones tanto en santuarios sintoístas como en templos budistas. Al igual que ocurrió con otros aspectos de la cultura japonesa, el auge de la clase militar también influenció a la música. En el siglo XII, se volvieron bastante populares los recitales que narraban historias de batallas y héroes. Estos recitales combinaban los cantos budistas con la música de la corte, y se conocían popularmente como heikyoku. Más tarde, estas narraciones de aventuras guerreras se convirtieron en representaciones llevadas a cabo por un grupo de actores, aunque conservaban la forma de una canción dramática e incluían bailes. Estas funciones se llamaban kōwakamai y sirvieron como precursoras del teatro. Otro tipo de canción influenciado por el ascenso de la clase guerrera fue la "canción de banquete" o enkyoku. Dado que se tocaban en festines y celebraciones, eran una forma de música más ligera y menos seria.

Músicos de la alta edad media. Fuente: https://commons.wikimedia.org

La música y la danza también tuvieron muchas variaciones locales y regionales que forman lo que los historiadores llaman comúnmente música folclórica, si bien no todas son conocidas ni se han estudiado. La mayoría de la música del antiguo Japón se tocaba con instrumentos tradicionales. Los más habituales eran la flauta de bambú (shakuhachi), la flauta de caña doble (hichiriki) que suena como los clarinetes contemporáneos, un instrumento de trece cuerdas similar a la cítara llamado koto, un laúd de tres cuerdas (shamisen) y también el kokyū, un laúd arqueado. Muchos de estos instrumentos estaban influenciados por la tradición china, aunque adaptados a la cultura japonesa. También se usaban varios tipos de tambores. El más grande se llama taiko, que se coloca en el suelo y se toca con baquetas gruesas. Otro tipo era el tsuzumi, un conjunto de tambores lacados con forma de reloj de arena que se sostenían con las manos. Todos estos instrumentos producían diversas notas y ritmos, pero en la música japonesa tradicional, el silencio (ma) o el espacio entre notas también era importante. Esto se apreciaba asimismo en las pausas que los bailarines incluían en sus danzas. Estos silencios o pausas se consideraban una parte esencial de la música, además de una herramienta práctica para aumentar la expectación del público.

La danza y la música se convirtieron en dos tipos de teatro, el noh y el kyogen, que aparecieron a finales del siglo XIV y principios del

XV. Ambos estilos ponían énfasis en la mímica, el baile estilizado y la canción como modo de narrar una historia, además de centrarse en las emociones humanas. Una de las características de estos tipos de interpretación era el uso de ciertos gestos y movimientos establecidos, con los que se indicaba a la audiencia ciertas acciones y transiciones que no se representaban directamente en el escenario, como los viajes largos. El noh era un teatro dramático basado en la sensibilidad budista que narraba historias de dioses y demonios, así como de guerreros y damas de la corte. Por el contrario, el kyogen lo interpretaban aficionados que improvisaban números cómicos, a menudo entre escenas de una obra noh o antes de que empezara la misma. Por tanto, ambos estilos a menudo se unían en la misma función.

Este temprano teatro japonés combinaba el verso y la prosa. A menudo se narraban historias muy conocidas, muchas de las cuales se habían popularizado a través de la literatura. Las historias más antiguas que se conocen se encuentran en dos crónicas: *Kojiki* y *Nihon Shoki*. Escritas a principios del siglo VIII, combinaban eventos históricos y cuentos mitológicos. En ese mismo siglo se compusieron los primeros poemas, llamados kanshi, que estaban escritos con caracteres chinos. El *Kojiki* dio paso a un resurgimiento de los poemas japoneses (waka) en el período Heian. Se trataba de versos con temas y valores aristocráticos. Al igual que los poemas posteriores, seguían una estructura rígida con un número concreto de versos y sílabas. En la edad media apareció un nuevo tipo de poema conocido como renga. Seguía un patrón similar al waka, pero estructuraba sus versos en estrofas largas. Esto permitía una mayor variedad y condujo al declive del waka en el siglo XV. Sin embargo, algunas secciones cortas de los renga produjeron una variante poética que es hoy internacionalmente conocida: los poemas haiku.

La prosa, por su parte, también se desarrolló en tiempos medievales. En ocasiones consistió en crónicas históricas, aunque también adquirió otras formas que narraban temas más guerreros y mundanos. Uno de los estilos más extendidos fue el diario de memorias, donde se rememoraban ciertos eventos o viajes, y las historias de guerra (gunki monogatari), que narraban victorias y derrotas, batallas gloriosas y proezas heroicas. Estas narraciones reforzaban los valores marciales y fueron muy populares entre la clase guerrera dominante en la época medieval. También se escribieron ensayos o zuihitsu. Eran tratados diversos, o bien compilaciones de pensamientos aleatorios, creadas en base a observaciones personales de la naturaleza y la humanidad y escritas sin una estructura específica. Cabe destacar que la literatura fue un arte practicado casi exclusivamente por aristócratas y monjes budistas. Y entre ellos, la caligrafía también era popular. Al principio, la caligrafía combinaba caracteres japoneses (kanji) y chinos, puesto que fue China el país que la introdujo en Japón. Con el tiempo, muchos empezaron a usar el sistema de escritura japonés (kana), desarrollando un estilo nativo. La caligrafía fue muy popular entre los nobles de la corte, pero también entre los samuráis. Los guerreros la alababan, puesto que requería calma, disciplina y precisión, motivo por el cual también estuvo vinculada al budismo Zen en la era medieval.

Tanto en caligrafía como en otros estilos de escritura fue común utilizar caracteres chinos y japoneses. Sin embargo, eso no significa que los japoneses escribieran en lenguaje chino. Más bien usaban caracteres chinos, o la pronunciación de los mismos, para escribir su propio lenguaje con forma y estructura únicas. Dicho lo cual, debe recalcarse que los idiomas chino y japonés, pese a ser similares a oídos occidentales, no tienen raíces en común: son dos idiomas totalmente diferentes. Por este motivo, emplear los kanjis era bastante complicado, teniendo en cuenta además que tenía dos formas de pronunciarse. Esto motivó a los académicos a desarrollar el kana, que en esencia era una versión simplificada de los caracteres kanji, con sonidos específicos para cada sílaba. Esto facilitó la escritura para los japoneses. No obstante, a lo largo de la historia se siguieron utilizando tanto el kana como los kanjis, ya fuera separada o combinadamente. Esta práctica permanece incluso en la actualidad.

Como se ha visto, la mayoría de los logros culturales del Japón antiguo estuvieron influenciados en mayor o menor medida por China, aunque con el tiempo se convirtieron en algo de esencia más bien japonesa. Por desgracia, en lo que respecta a ciencias naturales, como la medicina, las matemáticas y la astrología, las contribuciones nativas de Japón fueron bastante limitadas. En medicina, la base principal de los tratamientos era la noción china de la fuerza vital llamada qi (o ki en japonés). El énfasis se aplicaba a todo el cuerpo o al individuo y no a los síntomas concretos, una idea reforzada por las creencias budistas de las enfermedades kármicas en vidas pasadas. Así pues, la curación era tanto espiritual como física. La primera se conseguía con rezos o purgas rituales, mientras que para la segunda se empleaban plantas, ungüentos de animales, pociones, cremas y etcétera. Los sanadores japoneses también practicaban la acupuntura para bloquear la energía ki. La ciencia astronómica se utilizaba sobre todo para medir el tiempo y elaborar el calendario, basándose en las prácticas astronómicas, el calendario y las tecnologías de China. En matemáticas, se usó el sistema chino a lo largo de la era clásica. Solo tras la unificación de Tokugawa, los matemáticos japoneses consiguieron crear un sistema matemático japonés. Teniendo en cuenta que la sociedad japonesa era principalmente militarista, es normal que no se produjeran grandes avances científicos en esta época. Pero los japoneses desarrollaron un gran número de mecanismos complejos, algo que resulta obvio al observar lo rápido que adoptaron la producción de armas de fuego. Esto aún puede percibirse en la actualidad, puesto que los japoneses son líderes en tecnología robótica.

La filosofía, al igual que la ciencia, no fue un aspecto importante en el antiguo Japón. Su punto álgido llegó con la adopción de los ideales confucianos, como se aprecia en la importancia de la corrección y de permanecer en armonía con los dioses. Para los japoneses, esto significaba que era importante actuar de forma social y moralmente aceptable, lo que produciría una sociedad aparentemente estricta. Otro ideal de las enseñanzas confucianas era la importancia de la familia y la piedad para con los parientes, un principio fuertemente influido por el desarrollo del sistema de clanes. Sin embargo, esto también se transpiró a los estratos más bajos de la sociedad. En el hogar y en la familia, el hombre más anciano era considerado el líder y cargaba con las responsabilidades más importantes. La inactividad estaba mal vista, así que se esperaba que todos los miembros del hogar contribuyeran sin que importase su edad, género o incluso estatus socioeconómico. Las mujeres se encargaban de mantener y cuidar el hogar, y a los niños se le enseñaban ciertas tareas domésticas a muy corta edad. La mayor parte de la educación infantil, sobre todo en clases bajas, procedía de los padres. Las casas en las que vivían eran normalmente pequeñas, sencillas y adaptables, debido a las volátiles condiciones del clima y los desastres naturales. También se amueblaban de forma sencilla, con un pequeño número de muebles. Se utilizaban sobre todo tatamis para recubrir el suelo, zabutones para sentarse, mesas cortas y futones para dormir. Una chimenea central solía ser la fuente de calor e iluminación.

Esa chimenea también se utilizaba para cocinar. La cocina tradicional japonesa consistía principalmente en alimentos de origen marino, algas, verduras de temporada y arroz. La comida se consideraba impura debido a las estipulaciones religiosas; los nobles y los monjes la evitaban, si bien los campesinos y los guerreros de clase baja la consumían más habitualmente. Para compensar la falta de carne se utilizaban productos elaborados con aceite de soja. Por ejemplo, se usaba el miso, una pasta aromatizante hecha con semilla de soja y cereales, tofu y arroz o cebada. Las especias más habituales eran la salsa de soja, el jengibre, el wasabi (rábano picante japonés) y el sansho, una pimienta elaborada con las vainas del fresno espinoso japonés. En la época medieval, las clases altas solían comer dos veces al día, mientras que los campesinos, que debían hacer frente a un trabajo más físico y cansado, comían hasta cuatro veces cada día. Influenciados por la tradición china, los japoneses comían con palillos, normalmente de madera. Un ejemplo fundamental de la cocina moderna japonesa es, por supuesto, el vino de arroz conocido como sake. Sus orígenes se remontan a la época clásica, pero se hizo popular sobre todo en el medievo. Se consumía inicialmente en festivales y celebraciones, convirtiéndose más tarde en una bebida del día a día. También era costumbre beber té después de las comidas. Sin embargo, se preparaba y bebía de forma diferente que en las famosas ceremonias de té.

Un arte por encima de todo, las ceremonias de té se introdujeron tras la llegada del budismo Zen, pese a que el té se consumía en Japón desde el siglo VIII. El ritual se preparar el té se denominaba chanoyu, que significa "agua caliente para el té", o chado, "el camino del té". Seguía unos pasos muy precisos con el objetivo de preparar el trago perfecto de té, además de servirse de varios utensilios especiales. Se necesitaban herramientas diversas y años de práctica para dominar la ceremonia de preparación. Estas ceremonias solían estar reservadas para la clase alta. Sin embargo, esta forma de beber té no servía únicamente para demostrar conocimiento y disciplina, sino que cumplía también un papel espiritual. Los ideales sintoístas y budistas conectaban con estas ceremonias, ya que reflejaban armonía y tranquilidad. Por esa razón, los expertos del té prefieren no definir sus reuniones como "ceremonias", puesto que esa palabra implica una cierta rigidez de la que procuran alejarse mediante sus ideas religiosas y meditativas de la preparación del té.

Una ceremonia moderna japonesa del té. Fuente: https://commons.wikimedia.org

A pesar de ello, la antigua cultura japonesa encarnaba ciertas reglas rígidas y estrictas, algo que puede apreciarse en sus estilos de peinado, los cuales representaban la edad, el estatus y la sexualidad de cada uno. Por ejemplo, los samuráis se recogían el pelo en una coleta; una necesidad práctica, ya que así evitaban que tiraran de él durante una batalla. Más Adelante, ese peinado empezó a representar a la clase guerrera en general. Hasta el siglo XVI, las mujeres se dejaban el cabello largo y liso. Poco a poco empezaron a levantarlo y decorarlo con peinetas, alfileres y otros ornamentos. Tanto hombres como mujeres utilizaban cosméticos de forma regular. La piel pálida se consideraba la más deseable, de modo que muchas mujeres utilizaban un polvo llamado oshiroi para blanquearse el rostro. También se utilizaba un líquido oxidado para ennegrecerse los dientes, lo cual, por mucho que choque con los estándares modernos, estaba de moda por entonces. Esta práctica se llamaba ohaguro y era popular sobre todo entre mujeres, aunque los hombres también se unieron a ella a finales de la era medieval. La vestimenta era también un indicador de la clase social y la profesión a la que se pertenecía. Por ejemplo, en el período Kamakura, el uniforme típico de guerrero consistía en una chaqueta de caza (kariginu) y una capa (suikan). El atuendo formal de las mujeres incluía una bata (uchiki), un pantalón largo en forma de falda (hakama) y una capa de seda con mangas cortas (kosode). En cuanto al kimono, la prenda más conocida del vestuario tradicional japonés, se hizo popular en el período Nara y sigue usándose en nuestros días.

Los materiales empleados para la ropa variaban mucho. Por ejemplo, la clase alta se decantaba por la seda y el algodón. Los ropajes japoneses eran normalmente coloridos y solían cubrir la mayor parte posible de la piel. Se consideraba que, cuanta menos piel asomara, más alta sería la condición social de la persona. Esta ropa constituye una buena metáfora de la antigua cultura japonesa en general: era estricta, seguía ciertas reglas y variaba entre clases sociales. Resulta un tanto ajustada y limitante, pero también hermosa por sus colores y su excepcionalidad. En todas sus características pueden observarse tanto orígenes nativos como influencias foráneas. Esto es parte de lo que convierte a Japón en una sociedad única, incluso en la actualidad: es una mezcla de lo viejo y lo nuevo, lo doméstico y lo nativo. Y podemos remontar esas características hasta el período clásico de la historia de Japón, cuando se establecieron los cimientos de la civilización japonesa.

Conclusión

El antiguo Japón experimentó varios cambios a lo largo de su historia. Pasó de ser un país unido, cortesano y amante de las artes a ser una sociedad militarista, pragmática y dividida. Vio el auge y la caída de múltiples emperadores, nobles y shogunes en un paisaje político en cambio constante. Pero sería erróneo centrarse únicamente en guerras e intrigas. La antigua sociedad japonesa dejó una importante herencia cultural que hoy destaca entre las civilizaciones de todo el mundo. Y debido a lo única que es, la cultura japonesa sigue cautivando nuestra imaginación en la actualidad, sobre todo tras el renacimiento de Japón a finales del siglo XX, momento en el que su cultura se hizo mundialmente conocida. Aún hoy podemos ver trazos de las antiguas tradiciones y raíces de una gran civilización que comprende casi 2.000 años.

Si examinamos la historia y la cultura de Japón, parece obvio que se trata de una civilización de paradojas y contrapuntos. Sin embargo, su más sorprendente y excepcional característica la forman sus relaciones con otras civilizaciones. Ya sea mera cuestión de suerte o de algún razonamiento superior, los japoneses del pasado supieron ver cuándo era momento de abrir sus fronteras y aprender de otras tierras, y cuándo era hora de cerrarlas y desarrollar sus propias tradiciones, siempre a partir de influencias externas. Y aun después de la época clásica, siguieron haciéndolo. Cuando el régimen Tokugawa solidificó su mandato, Japón cerró las fronteras a los colonizadores occidentales, protegiendo al país de la explotación y evitando que su cultura fuera superada por otras. Pero a mediados del siglo XIX, cuando Japón se dio cuenta de que estaba quedándose atrás, volvió a abrir sus fronteras. La restauración Meiji permitió que el país se modernizara y aprendiera de otras naciones, aunque volviera a cerrarse a la influencia extranjera a principios del siglo XX ante el temor de que las tradiciones japonesas cayeran en el olvido. Esto acabó llevando a los consabidos crímenes de la 2ª Guerra Mundial, aunque los japoneses terminarían aprendiendo de ellos. Se dieron cuenta de que el mejor camino consiste en mantener las tradiciones propias, a la vez que se abre la puerta a cuanto pueda venir desde fuera.

Es precisamente esa mezcla de tradiciones, pensamientos e ideas nativas con influencias extranjeras lo que hace que la cultura japonesa resulte tan fascinante y única. Por eso nos sigue cautivando hoy en día, y esta es una lección que toda nación, civilización, sociedad y persona debería recordar. El camino al éxito exige que aceptemos lo nuevo para mezclarlo con lo antiguo; que aceptemos lo exótico y desconocido a la par que mantenemos nuestras tradiciones. La historia puede enseñarnos esta lección, pues la historia en sí misma conecta el pasado con el presente mientras mantiene la vista puesta en el futuro. Por eso es importante aprender del pasado; no solo de nuestras propias culturas y países, sino de todas las naciones del globo. Entender a los demás nos permite entendernos mejor a nosotros mismos. Solo así podremos aceptar tanto nuestras tradiciones como las que proceden de otras culturas, y construiremos una sociedad mundial más saludable y un futuro mejor.

Vea más libros escritos por Captivating History

HISTORIA DE COREA

UNA GUÍA FASCINANTE DE LA HISTORIA COREANA, CON EPISODIOS COMO LAS INVASIONES MONGOLAS, LA DIVISIÓN EN NORTE Y SUR, Y LA GUERRA DE COREA

CAPTIVATING HISTORY

Bibliografía

Andressen, Curtis A., *A Short History of Japan: From Samurai to Sony*, Allen & Unwin 2002.

Henshall, Kenneth G., *A History of Japan: From Stone Age to Superpower*, Palgrave Macmillan 2004.

Beasley, W. G., *The Japanese Experience: A Short History of Japan*, Weidenfeld & Nicolson 1999.

Kozo Yamamura, *The Cambridge History of Japan: Vol. 3 Medieval Japan*, Cambridge University Press 1990.

John Whitney Hall, *The Cambridge History of Japan: Vol. 4 Early Modern Japan*, Cambridge University Press 1991.

Delmer M. Brown, *The Cambridge History of Japan: Vol. 1 Ancient Japan*, Cambridge University Press 1993.

Donald Shively and William H. McCullough, *The Cambridge History of Japan: Vol. 2 Heian Japan*, Cambridge University Press 1999.

John A. Ferejohn and Frances McCall Rosenbluth, *War and State Building in Medieval Japan*, Stanford University Press 2010.

Friday, Karl F., *Samurai, Warfare & the State in Early Medieval Japan*, Routledge 2004.

Deal, William E., *Handbook to Life in Medieval and Early Modern Japan*, Facts on File 2006.

Oyler, Elizabeth, *Swords, Oaths, and Prophetic Visions: Authoring Warrior Rule in Medieval Japan*, University of Hawai'i Press 2006.

Stephen Trunbull, *Warriors of Medieval Japan*, Osprey Publishing 2005.

Anthony J. Bryant, *Los Samuráis*, Ediciones del Prado 1994.

www.ingramcontent.com/pod-product-compliance
Lightning Source LLC
LaVergne TN
LVHW041639060526
838200LV00040B/1634